学級経営サポートBOOKS

子どもと保護者の心を **わしづかむ！**

デキる教師の
目配り・
気配り・
思いやり

松森 靖行 著

明治図書

はじめに

　「お互い様」という言葉が大好きです。お互いがお互いを思いやる温かい日本語です。この「お互い様」について，クラスでもよく話をします。「お互い様」の精神は，人間関係だけでなく，物事を上手く運んでくれます。

　しかし，その「お互い様」が段々消えていっているように感じます。それはモンスターペアレント，学級崩壊という言葉で，教育界では表現されています。こう書くと，「保護者や子どもたち」の問題のように聞こえますが，それは「教師」が引き起こした問題でもあるのです。保護者や子どもたちが荒れるのは，学校側の普段の対応や初期対応のまずさが原因です。

　学級は子どもと教師でつくるもの。保護者は関係ないという考えもありますが，保護者は常に，学級に関心をもっています。そして，一緒に学級に参加したいと思っている保護者の方はたくさんいます。

　本書では，子どもの心をつかむのはもちろんのこと，保護者の心もつかむ学級経営，授業の進め方，行事のもち方ってどうしたらよいのか，具体的に紹介していきたいと思います。

　この「お互い様」の精神，…ちょっと相手に「思いやり」をもつポイントをぜひ，若手教師に知っていただけたらと思っています。教師が「思いやり」を大切にしながら教室づくりを行えば，クラスの子どもがグッと成長し，教師の仕事も上手く回るでしょう。

　本書では，第1章では学級経営，第2章では授業について，ちょっと試してみていただけたら…という実践アイデアを紹介していきます。

松森靖行

Contents

はじめに

子どもと保護者の心をわしづかむ！
第1章 デキる教師の目配り・気配り・思いやり

- 虎視眈々・新学期の嵐に備える春休み ……………………… 10
- 「始業式」まずは「思いやり」を指導する ………………… 13
- 「参観授業」はカッコつけずに下準備は行う ……………… 15
- 続「参観授業」―クラスの成長を見せる …………………… 18
- 「家庭訪問」には1つ「プレゼント」を持って行く ……… 21
- 「学級通信」でクラスを潤す ………………………………… 24
- 「運動会」のがんばりはクラスづくりに生きる …………… 28
- 「遠足」の「行っただけ」で終わらない楽しみ方 ………… 31
- よきも悪きも連絡はマメに「きちんと」 …………………… 34

- 悪きを伝えるときは「話し方」を選ぶ……37
- 「指導言」を鍛える……40
- 問題勃発！　解決の基本は「え・き・す」……43
- 「縦割り班活動」見ていないようで見よう……47
- 「水泳発表会」は皆それぞれがんばる，応援する……49
- 終わりよければ，「新学期」の始まりもよし……51
- 休み中も子どもを思い，足を向ける……55
- 「休み明け」は気持ちよく始める……57
- 「記録会」では記録だけでなく，「ココロ」も育てる……60
- 「学芸会」映画監督ばりの熱い思いで盛り上げる……63
- 「児童会行事」で全校に広げる「思いやり」……65
- 学級崩壊への「危機感」を失わない……68
- 「成績作成」で努力を「プラス１」して心をつかむ……72

- 「修了式・卒業式」成功のカギは教室に残す「思いやり」……77

- 共感と安心感をはぐくむ「1学期」……80

- 関心をもち,理解し合える関係をつくる「2学期」……84

- 「自己教育力」を育てたい「3学期」……88

Column
まずはココから→生活当番の指導……92
まずはココから→給食当番の指導……93

子どもと保護者の心をわしづかむ！
デキる教師の「とっておき授業」アイデア

国語	日々の「音読」「漢字」指導は工夫する	96
書写	「小道具」と「朱筆づかい」で保護者の心をつかむ	101
社会	家族まとめて「常識」を崩そう	106
算数	楽しみ・深める２つのアプローチ	110
理科	「ゆさぶり」から学びを深める	114
体育	仲間とともに,「ガッチリ」体を動かす	118
音楽	毎日楽しむ・親しむ笑顔で「ままま…♪」	124
図工	絵画指導は「思いやり」の指導	127
家庭	テーマは「命」と「喜び」	129
特別の教科 道徳	「リアル」を追求する	132

子どもと保護者の心をわしづかむ！
デキる教師の
目配り・気配り・思いやり

　子どもたちに「思いやり」をもちなさい，と話したことはありませんか？　でも，教師自身はどうでしょうか。
　若手教師から，子どもたちへの対応，保護者への対応を聞いていると，「それは子どもや保護者を不快にさせているな」と思うことがあります。しかし，その教師は対応法に満足しているし，ひどい場合は「きちんと対応したのに何が悪い」という態度でいたりします。私もそうでしたが…。
　「思いやり」が欠けていませんか？
　100％満足いく対応はなかなか難しいです。けれど100％に近付けるよう，努力することはできるはずです。
　どう振る舞うことが教師からの「思いやり」なのか，本章では，その実践例を紹介します。「思いやり」を大切に学級経営を進めると，クラスのトラブルがグッと減ります。
　まずは，教師からの「思いやり」で心をわしづかみましょう！

虎視眈々・新学期の嵐に備える春休み

　子どもたちと過ごした1年間が終わり，ホッとできるのが春休み…などと言うわけもなく，要録を書いたり，教室の掃除をしたりと後処理や引き継ぎの準備に追われるのが現状です。しかも，そんな中でも，新年度に向けての準備を少しずつ進めていかなくてはなりません。

　プロのスポーツ選手は，試合当日，決戦の日へ向けて，計画的に何か月も前から調整や準備をしています。私たちも，給料をいただいて教師という仕事をしている以上，「教育のプロ」です。しかも，スポーツ選手と異なり，初任者でも，20数年経験がある教師でも，同じ担任の教師として，子どもや保護者は見ています。

　子どもや保護者の心をつかむにも最初が肝心です。春休みから，きっちり準備をしていきましょう。

「3月まで」と「4月から」の仕事を区切る

　春休みは短いです。前年度の後処理もありますから，効率的に仕事をしていきましょう。

　そこで，春休みを「3月まで」と「4月から」にきちんと分けて計画していきます。前年度の仕事は「3月まで」に終わらせます。管理職にハンコやチェックをお願いするのであれば，それらも「3月まで」にできるように計画しておきます。転勤などがあれば，なおさらです。教室の掃除も「3月まで」にしておいて，次の先生に引き継げるようにしておきます。

　また，3月末日は，1日ゆっくり休めるように計画することをおススメします。学校によっては，3月31日に送別会があるかもしれません。ぎりぎり

になって慌てないことも，重要です。心に余裕をつくりましょう。

　４月になると，一気に新年度へ加速します。職員室にも，着任者などが入り，新しい雰囲気になります。この雰囲気を大切にしましょう。４月１日から始業式まで，ほんの数日しかありません。年度によっては，２，３日というところもあります。

　その中で，年度初めの大切な職員会議があったり，学年会があったりします。私の場合は，仲を深めるため，飲み会もしました。そんな中でも，担任するであろう子どもや保護者の心を「わしづかみ」する準備も進めていきます。新学期は，本当に大変な時期です。１年最初のこの時期をちょっとでも気を抜いて過ごしてしまうと，学級崩壊します。

　体調管理をしながら，無理せず進めていきたいものですね。

まだ見ぬ子どもたちに思いを馳せる

　では，そのような短い期間でも，必ずすべきことを紹介します。

子どもたちの名前を覚える

　前年度の写真を見て，子どもたちの名前を覚えてしまいましょう。始業式の日に何も見ずに自分たちの名前を言ってくれると，子どもたちは大喜びです。引き継ぎのときにも名前がすぐにわかるので，スムーズです。

第１章　デキる教師の目配り・気配り・思いやり　11

要録で，子どもたちの出席状況を大体把握しておく

　大体で大丈夫です。詳しくは，始業式以降に把握できるようになります。一番気にしておきたいのは，出席状況です。不登校気味の子への配慮を考えます。学年の先生と相談しておくのもよいでしょう。

一人ひとりに手紙を書く

　簡単でよいですから，子どもたちへ向けて，保護者の方へ向けて一人ひとりに手紙を書くと，びっくりされます。大変なときは学級通信でも。まずはこちらからメッセージを伝えます。

子どもたちの住んでいる地区を散歩する

　息抜きに，子どもたちが住んでいる学区をぶらぶらしてみます。子どもたちの生活の様子を肌で感じることができます。

　新学期が始まってからの話題づくりにもなりますし，家庭訪問がある地域では，訪問の際の準備にもなります。

　新学期が始まってから行くよりも，息抜きがてら，余裕をもって見ることができます。

「始業式」まずは「思いやり」を指導する

　始業式からの数日，数週間，1週間は学級経営の「黄金期」と呼ばれています。子どもたちはやる気と希望に満ちていて，教師の指導が一番入りやすい時期です。この時期にこそ，子どもたちや保護者の心をわしづかむためにしておきたいことがあります。

「どうぞ」「ありがとう」で「思いやり」を指導する

　始業式の日はとにかく忙しいです。しかし，子どもたちに「何だかバタバタして終わって，先生のこと，よくわからなかったなあ」と思わせてはいけません。

　配布物の多い最初だからこそ，配布物を手渡すとき，「どうぞ」「ありがとう」と言うことを徹底する指導が行えます。教師だけが配るのではなく，子どもたちからも配ってくれる子を募ることで，「自分から仕事を探す」ことの大切さを指導することができます。また，配布物を机の上にそろえて置く指導もできます。配布物をただ机の上に置くだけではなく，相手とのやり取りを丁寧にすること，忙しい中で自分ができることは何か考えることなど，最初だからこそ，このような「思いやり」を指導することが大切です。「今度の先生は，配布物1つでも大切にしている」と子どもたちは思うでしょう。

　私は始業式の日に，「話をきちんと聞くこと」「きまりを守ること」「配布物の配り方，もらい方」はまず，時間を取って指導します。そして，それらが「思いやり」に通ずるという話をします。

　配布物が10種類あるのなら，「どうぞ」「ありがとう」の練習，徹底が10回できるわけですね。かなり徹底できるはずです。

初日5分の授業は最大の「思いやり」

　始業式の当日，忙しくても必ず，授業をしましょう。国語がおススメです。真新しい教科書を使って，まずは筆箱の置き方や教科書の開き方から指導をしていきます。最初が肝心です。学校生活の大半を占めている教科の授業。

　1年間の授業時間を豊かなものにしていくための第一歩は，始業式の日に授業を行うことです。5分だけでもよいです。それだけで，「授業を大切にする先生の姿勢」や「クラスの友達と授業をつくり上げることの大切さ」が伝わります。

　学習をしっかりと行い，学力も保証することが，子どもたちへの最大の「思いやり」でもあります。

始業式の日の5分間授業の流れ

①教科書の配布
　「どうぞ」「ありがとう」の指導。名前を書く指導。

②教科書の開き方
　「教科書に魂を入れます」と教科書が開きやすいように，本の真ん中を開いて開きくせをつける。

③見開きの詩を音読
　教科書の持ち方，読み方，声の大きさを指導して称揚。

④友達とペアで音読
　仲間と学習する喜びを伝える。

⑤しっかり称揚
　とにかく，この先生と学習して楽しいと印象付ける。

「参観授業」はカッコつけずに下準備は行う

　最初の授業参観は，頭を悩ませるものの1つかと思います。どんな担任の先生なのかと保護者の期待が高まっているのではないか，子どもたちが保護者の方々の前でどのような動きをするだろうか（普段と異なることをしてしまうのではないか）と不安になるのではないでしょうか？

　肩の力を抜きつつ，次のようなことに留意するとよいと思います。

クラスのシステムづくりを見てもらう

　参観日だからと言って，特別な授業をしくむ必要はありません。ごく日常的な授業で十分です。最初の授業参観は，学級での授業のシステムづくりを見てもらう…くらいの気持ちでよいと思います。
　クラスも子どもたちも，そして教師も成長過程，修行中…，そんな授業を見ていただくと，保護者の方からよい感想をたくさんいただけると思います。気張るより，担任の思いが伝わりやすくなります。

　授業システムは，次ページの通りです。

○話を聞くときは，低学年の場合は，教師が「聞く姿勢」と言うことで，「目線は話し手」「背筋を伸ばす（腰骨を立てて座る）」「足の裏全部を大地（床）にくっつける」「手に何も持たない」を一瞬でできるようにする。高学年の場合は，教師が前に立ち，話す準備をした段階で「聞く姿勢」が自分からできるように指導する。

○忘れ物をしたときは，授業が始める前に必ず教師に報告をさせる。「○○を忘れました。…さんに借ります。忘れ物をしないように…に気を付けます」と報告と，対処法と忘れ物をしない努力の仕方をきちんと伝える。

○友達が発表するときは，発表する友達に体を向け，「聞く姿勢」をとる。わかったり，同感したりするところは「頷き」ながら聞き，わからなかったところや，質問したいところは話し終わってから質問するように指導する。高学年ならば，メモを取りながら聞くことも指導する。

○自分が発表するときは，聞いてくれている友達に体を向け，常に教室全体に聞こえる声で発表する。発表するときに，「教室全体を見渡すように」ということを指導すると，より全体に響く発表ができる。

子どもができていなければ注意する姿を含め，授業システムを確実にしていく途中を見ていただくようにします。

クラス全員に（半）強制発表させる（笑）

よく保護者の方から，「うちの子は発表が苦手で，参観日では発表するのを見たことがありません」と聞きます。それは，子どもたちが発表しないのではなくて，発表させない授業システム，発表しなくても済む授業システムをとっているからです。

　これは,参観日に限らず,普段の授業づくりでも言えることですが,参観日は特に,「全員発表！」を目標にすることで,「発表が苦手なうちの子もがんばっている」「今年の先生は頼りになる」と保護者の方々の信頼も得られるようになります。

　全員発表のハードルを下げる工夫を知っていますか？
　子どもたちが安心して発表できるように,事前にノートチェックをしておくことをオススメします。つまり,参観授業の前時に発問してノートに考えを書かせ,教師はチェックをしておくのです。そのときに単なる〇ではなく,励ましのメッセージを書いておくと,子どもたちも発表する勇気が出ます。

　「ここまでしなくても…」と思うかもしれませんが,ここまでする「思いやり」ある先生に,子どもたちや保護者は信頼を寄せるのです。また,いつまでもその手間がかかるわけではありません。次第に,そこまでしなくても発表できるクラスになっていきますから。

続「参観授業」―クラスの成長を見せる

「『参観授業』はカッコつけずに下準備は行う」の続編です。参観授業は1か月か2か月に1回のペースで行われていたりしませんか？ 「結構すぐ来るなあ…」と少々重荷に感じられるときもあるかもしれません。

けれど，完璧を目指さず，ステップアップしている姿を見てもらうことで，教師も参観日が楽しみになります。

教師のほめ言葉でクラスの成長を際立たせる

最初の授業参観は，学級での授業のシステムづくりを見てもらうのがコンセプトです。けれど，2回目からは，どんどんレベルアップしている姿を見てもらいましょう。しかし，一気にレベルアップできるわけではありません。少しずつで大丈夫です。

「おっ！ 聞く姿勢になるのが速くなったね！」
「えらい！ ○○がもうできている天才クラスやなぁ！」
などと，どんどんほめてクラスの成長点を示します。

ここで大切なのが，「教師のほめ言葉のバリエーション」です。子どもたちは成長しているのですが，残念ながらその成長を見る視点をもっている保護者はわずかです。それもそのはずです。先生ではないのですから。

子どもたちのよさを実況中継的に伝えることができるのが「ほめ言葉」です。参観日の準備でなくとも，日々子どもたちの様子を観察して，「ほめ言葉」を鍛えましょう。そして，バリエーションを増やしましょう。

自分の「ほめ言葉のバリエーション」がかなりの数になっているころ，クラスの様子もかなりよくなっているはずですし，保護者からの評判も上がってきているはずです。

　まずは，自分が蓄えているほめ言葉のお披露目の場を参観授業と考えて実践するのも，教師力を付ける１つかもしれませんね。

続　クラス全員に（半）強制発表させる（笑）

　参観授業だから…ではないのですが，特に参観授業では，「全員発表」を意識します。保護者は自分の子どもが発表する姿が嬉しいのです。しかし，毎回，同じ発表のスタイルは飽きてしまいます。飽きるということは，保護者が子どもたちの成長を感じ取れずに，マイナスの方に目がいってしまうということです。

　いろいろな発表のスタイルをもちましょう。そして，毎日いろいろな発表の方法で授業を組んでいきましょう。これだけで，「授業が楽しい！」と思う子どもも出てきます。

授業中の発表の仕方いろいろ

①列指名
　あらかじめ当てる列を指定しておき，1人ずつ発表させる。

②血液型指名
　あらかじめ当てる血液型を指定しておき，1人ずつ発表させる。

③地区別指名
　あらかじめ当てる地区を指定しておき，1人ずつ発表させる。

④誕生月指名
　あらかじめ当てる誕生月を指定しておき，1人ずつ発表させる。

⑤名前1文字指名
　あらかじめ苗字に「あ」のついている人というように指定しておき，1人ずつ発表させる。

⑥どうしてそうなるの指名
　教師「今日は7月だから，7。今日は11日だから，7に11を足して18。先生の誕生日が12月21日だから，18＋12＋21＝51だから，5＋1＝6…じゃあ3番の〇〇くん！」というように指名する。

⑦指名なし発表
　教師は指名しないで，子どもたちがどんどん発表をしていく（最初は自分の考えを発表するだけの「発表会」でも構いません。次第に「討論形式」になるように鍛えていけばよいのです。「発表会」形式でも，指名なし発表を見た保護者は感動します）。

　先の「ほめ言葉のバリエーション」と重なりますが，指名の仕方のバリエーションを増やすことは「授業力アップ」につながります。いくらかの発表の仕方を駆使して授業を行うことができるようになるころには，授業力もアップしているはずです。参観日も教師の力量アップの場であり，子どもたちの成長を保護者と共有する場であることを心に留めておきましょう。

「家庭訪問」には1つ「プレゼント」を持って行く

　短時間とは言え，家庭訪問…緊張しますね。
　家庭訪問でまず，心がけたいのは，

● 教師はあまり喋らず，子どもたちの様子や保護者の願いを聞くこと
● お茶を飲んだりお菓子を食べたりしないこと

など，職員室でルールとして教わることです。
　しかし，1年間お世話になる保護者の方々との1対1の初対面です。第一印象をよくして，自分らしさを演出するチャンスのときでもあります。

親しみやすさをグッズで演出する

　「先生だから」と少しお高くとまっている先生は保護者に嫌われます。単に緊張してしまっているだけでも，つい「先生らしくしなくては…」と思うがために，そう見られがちで注意が必要なのが，初任者です。一昔前ならば「先生様」として尊敬されたかもしれませんが，今は違います。初任者ならば，保護者は皆，年上の人生，そして子育ての先輩です。こちらから学ぶという姿勢が大切です。
　だからと言って，へりくだる必要はありません。要は親しみやすさです。参観日や家庭訪問では，スーツが必須となります。もちろん，ビシッとパリッとしていくのですが，男性ならばネクタイの模様がウルトラマンとか，女性ならばハンカチが妖怪ウォッチとか…，ちょっとした遊び心が親しみやすさを生みます。

　そして，ハキハキとあいさつをし，笑顔で話を伺います。もしかしたら，「そうじゃないのにな…」と思うこともあるかもしれませんが，とにかく，まずは話を聞いてみましょう。最終的には保護者の方への印象が変わるかもしれません。「この先生は相談しやすいな。これなら話せるかも」と思ってくれることをねらうのです。

プレゼントを１つ持って！

　始業式から家庭訪問まで，実はあまり日にちがありません。先生としては，その子どものよいところをたくさん発見し，保護者に伝えたいところでしょう。しかし，予想以上に時間はありません。たくさん発見できる子どももいれば，正直…という子どももいるでしょう。しかし，１つでもよいところ，がんばっているところを見つける努力をしておきます。

　また，それと同時に，デジタルカメラで写真を撮っておくとよいでしょう。その際，教室の全体の様子と個人個人の様子を分けて撮影することをおススメします。教室の全体の様子は，学級通信や学級懇談会で使うことができます。そして，個人の様子は，一人ひとりプリントアウトして，家庭訪問のときにプレゼントするのです。その際，そのときの具体的なエピソードを添えるとよいでしょう。きっと喜んでくれるはずです。今まで担任した保護者の方の中には，神棚に飾ってくれている方もいらっしゃいます。

また，写真を撮っておけば，撮ったときは気が付かなくても，写真を見ることで，その子どものよさを再発見することができます。
　写真を撮るときは「どのように撮ろうかな…」と悩みながら撮ってはいけません。隙あらば，バシバシ激写します。こちらは，指導をしながらなので，個人作業をしているとき，発表をしているときなど，ちょっとした隙を見つけて激写するのがポイントです。
　おまけですが，子どもたちを遠くから気付かれないように撮影した写真も好評でした。写真を撮られていると気が付かないときの真剣な表情や，自然な笑顔が「家では見せない表情なので，嬉しかったです」と保護者の方から感想をいただきました。
　家庭訪問でプレゼントしようと思う写真は，家庭訪問の約１週間前に，全員分あるかどうかしっかりと点検しましょう。なかったり，写りが悪かったりした場合は，残りの１週間でその子どもを集中的に撮影します。

「学級通信」でクラスを潤す

　学級通信、出していますか？　熱心に書かれる先生の中には、年間1,000号を超える先生もいらっしゃいます。また、あまり書かない先生もいらっしゃるかもしれません。
　私は毎日発行しています。いろいろなネタを探しては、学級通信にまとめて発行しており、それだけの効果があると思います。学級通信はぜひ発行したらよいと思います。
　ただ、私も凝りすぎて「学級通信がないと、学級経営ができない」とまで思ってしまっていた時期には、学級通信作成が深夜に及ぶこともありました。けれど、そうなると楽しい仕事にはなりませんし、内容も大げさだったり、つまらなかったり、ということになってしまいました。
　学級通信には教師も楽しく続けつつ、子どもや保護者の心をわしづかみにするポイントがあります。

始まりは始業式の1枚から

　4月の始業式。子どもたち以上に緊張をしているのが保護者です。「優しい先生かしら？」「でも、厳しいところも必要よね」「授業はわかりやすいかな？」「相談に乗ってくれるかな？」…様々な不安が駆け巡ります。
　そして、学校から帰った子どもたちに、すぐ担任の先生のことを聞くのです。しかし、子どもの話だけで保護者は自分の望むような先生かどうか、わからないでしょう。
　そこで、担任の自己紹介がてらに発行された学級通信第1号が役立つのです。例えば、次のようなものです。

■■■■小学校 第■学年■組 学級通信　　第 １ 号

情熱ホルモン

H・4・■

本日付けで■年■組の担任になりました「松森靖行」と申します。■■■■■■保護者の皆様には大変なご迷惑をお掛けしていると思います。前担任である■■先生の意志を引き継ぎ、「幸せいっぱい」なクラスにしていきたいと思います。よろしくお願いいたします。

担任自己紹介

名前　松森　靖行（まつもり　やすゆき）

出身　岡山県倉敷市
　　　先月までずっと岡山県に住んでいました。

生年月日　昭和５１年１２月２１日　３７歳

血液型　AB型　RHマイナス

好きな食べ物　うずらの卵　ラーメン　カレーライス
　　　　　　　ビール　チョコレート　白いごはん

苦手な食べ物　ぱさぱさしたパン　白いしょうが　しそジュース

趣味や特技　ギター　ベース　ドラム　ピアノ　料理（調理師免許所有）
　　　　　　自動車の高速運転（A級ライセンス所有）　軽めのランニング

得意な教科　社会科　体育科　国語科　給食科　算数科　理科

苦手な教科　家庭科（裁縫全般）

勤務歴　岡山県都窪郡■■町町■■小学校　１年間　　倉敷市立■■小学校　５年間
　　　　倉敷市立■■■小学校　６年間　　浅口市立■■■小学校　２年間
　　　　６年生１０回、５年生１回、３年生２回、担任しました。

住んでいるところ　高槻市■■町　ドン・キホーテの裏です。

よろしく♡

学級通信第１号

学級通信を魅力的にするもの

▶タイトルは印象深く！

　一番最初に目がいくのが「タイトル」です。この「情熱ホルモン」というタイトルは，山口県で小学校の先生をされ，数々の教育書を出されている中村健一先生のアイデアを拝借したものです。おもしろいタイトルで，自分の思いと合致するものがあれば，自分の学級通信に使ってみたらよいと思います。タイトルを子どもたちや保護者の方々に募集するのもよいでしょう。そうすることで，クラスにより興味をもってくれます。

　私の知っている先生は，題字を毎回手描きのオリジナルイラストで描いている方もいました。また，交代で子どもたちに描かせている先生もいました。

　タイトルは工夫するところです。

▶自己紹介から入るのだ！

　年齢，誕生日，出身地，好物，趣味…，自分を知ってもらうために，許される範囲で紹介を書いていきます。自分の顔写真，全体写真，似顔絵なども忘れずに入れます。

　家庭でも話題にしてくれますし，家庭訪問や懇談会で触れられることもあります。学校によっては，担任の住所や電話番号など，家庭に知らせない事柄が決まっているところもありますので，職員室で確認はしておくとよいでしょう。

▶アツク教育を語っちゃおう！

　堅苦しいものや形式ばったものでなくてよいと思います。「こんなクラス，こんな子どもたちにしたい！　そのためにはこんなことをする！」という思いと，最初に担任が提示するクラスのルール程度で十分です。自分でも明言しておくことでブレないし，「おっ，信頼できるな」と思ってくれます。

10号に1枚ちょっと頭を悩ます

　家庭訪問を行うくらいまでに10号発行することを目指してみましょう。そうすることで，保護者の期待感がグッと上がります。少なすぎても…ですが，多すぎても読んでいただけません。保護者の方も忙しいのです。また，学級通信は文章だけとは限りません！

何気ない毎日の紹介こそ大切！

　学級通信は特別なことを書かなくてはならないということはありません。毎日の何気ない会話や授業や給食の様子，がんばっていることで十分です。
　デジカメを毎日ポケットに入れておいて，撮影します。何枚も撮影します。それを何枚か，毎日の通信で紹介します。もちろん，考えさせたいことや何か行事などがあれば，優先してそれらを紹介しますが，保護者の方が本当に知りたいことは，「自分の子が楽しく学校でどんなことをしているか」ということです。毎日の何気ないことを，写真中心に毎日紹介することが大切です。そうすると，知らない間に10号は超えてしまうのです！

どの子どもも登場させる！

　えっそんなの大変だよ!!と思われるかもしれません。10号のうち1枚，少し頭を悩ませながら作成することが必要です。私の場合は，2号目に始業式で発見した一人ひとりのよいところ，がんばったところを紹介しました。
　正直，始業式の1日で一人ひとりのよいところを探すことは難しかったかもしれませんが，そう自分に課すことで，全員を見ることを意識できました。そこまでがんばらなくても，写真で一人ひとりを紹介することもできます。「どの子どもも登場させる」という「思いやり」が大切です。「皆を大切にしてくれている」と保護者が信頼してくれます。

「運動会」のがんばりはクラスづくりに生きる

　先生の学校の運動会は春に行われますか？　秋に行われますか？

　春の運動会は，学級開きをしてすぐに練習も開始されます。学級をつくり上げるための手段として運動会の練習や本番に取り組ませます。
　秋の運動会は，学級がどこまで成長しているかを確認する場として，また，中だるみを回避するための１つの方法として取り組ませます。

　このように書くと，春と秋では取り組ませ方が違うように見えますが，基本的な考え方は同じです。保護者とつながる最大の行事，そして，運動会への取組が，今後の学級経営に生きるものとして考える必要があります。

未来作文でやる気を引き出す

　ただ「がんばれ!!」「もっと元気よく!!」と子どもたちに指導をしているだけでは，子どもたちはやらされている感満載になります。
　子どもたち自身が「こんな運動会にしたいなあ」「ダンスをがんばりたいなあ」と練習段階から思えるようなシカケを用意したいものです。そして，その取組を通して，保護者にも「早く運動会を見に行きたい！」と思ってもらえるようになれば，大成功です。

　そのシカケとして，「未来作文」はいかがでしょうか。「近い未来，こうなるよ！」と，理想とする未来を作文にする活動です。

> ①運動会練習初日に「未来作文」を書く。
> ②練習期間中,「未来作文」をタイミングよく書く。毎日,少しずつ書いてもよい。
> ③本番1日前に,運動会が終わっての「未来作文」を書く。

　本番前や練習後に作文を書かせることはよくあると思います。そして,その内容は,「今日の練習の反省」が中心になっていないでしょうか？
　「未来作文」はその日の反省を一切書きません。こうなってほしい「未来」だけを書いていきます。つまり,前向きな作文になります。作文の中には,「できなかったこと」「叱られたこと」は一切出てきません。よいイメージをもって練習,そして本番に臨むことができます。そして,やる気が出てくる！というシカケなのです。
　「未来作文」を学級通信で紹介してもよいでしょう。デジカメで撮影した写真も添えると効果バツグンです。
　顔を合わせた折などに,保護者へ紹介してもよいでしょう。「こんなことを考えながら練習をがんばっているのだな。本番が楽しみだな」と思ってくれるはずです。
　また,「未来作文」は,運動会が終わった後に子どもに読み返させると,自分のがんばりを思い出すことができ,ともにがんばったクラスメイトへの感謝の気持ち,「思いやり」の気持ちを増すことができます。

ビシッとした開閉会式が心を打つ

　運動会には全体練習があります。
　開閉会式の練習や行進の練習です。演技や競技の練習と違って,子どもたちが意欲満々で取り組むというものではないかもしれません。しかし,演技や競技の「動」,そして開閉会式のような「静」があってこそ,運動会が成

立するし,「静」を大切にしてこそ,演技の「動」が光ります。

けじめをつけて,ビシッとした態度で開閉会式に臨んでいる姿こそ保護者に見せたいです。

演技や競技の練習の様子だけでなく,開閉会式の様子をデジカメで撮影して紹介したり,がんばりを電話で伝えたりしましょう。そのときに,少し注意したいことがあります。

●全員平等に伝える

全員が原則です。特に,学級通信などに教師からのコメントを載せる場合,全員同じ分量がおススメです。もしくは,コメントを載せる余裕がない場合,写真を載せるだけでも十分伝わります。

●なぜすばらしいのか理由を伝える

開閉会式の様子をそのまま伝えただけでは,何がすばらしいのかわかりません。演技,競技ではなく,なぜ開閉会式?と。開閉会式できちんとしている態度がいかにすばらしいか,理由を伝えて紹介をすると効果バツグンです。

運動会の本番にだけ焦点を当てるのではなく,練習過程を大切にすることで,効果は倍増します。そして,保護者にも自分の教育方針を知っていただく機会になるでしょう。

「遠足」の「行っただけ」で終わらない楽しみ方

　遠足は子どもたちが最も楽しみにしていて，また，保護者も気合いの入る行事です（保護者には「お弁当」をつくる…という大役があるのです！）。

　大切にしたポイントは４つです。
・公共マナーを身に付ける
・今までの育ちを確認する
・親の愛情を再確認する
・仲間との絆を深める

今までの成長を確認し，公共マナーを身に付ける

　まず，遠足の次の日に，学級通信を作成します。たっぷりと写真を掲載します。全員載せます。
　正直，遠足後，学級通信を作成するのは体力的にキツイかもしれません。そんなときには，写真ばかりでも構いません。とにかく写真をたくさん撮影しておき，一人ひとりをきちんと掲載することで，保護者にも喜ばれます。

　そして，ここがポイントです。「楽しかった」「勉強になりました」だけでは意味がありません。

> 　学校でも静かに並んで教室移動することをがんばってきましたが，見事に工場内でもできていました。

> 電車の中でもとても静かで，乗って来たお客さんにたくさんほめていただきました。

というように，今までの取組が生きたことや，公共マナーをしっかりと身に付くようにしていることを伝えていきます。

　もちろん，嘘はいけませんから，しっかりと見て，すばらしい行動をメモしておきます。また，そうすることで，逆に，まだまだだった！というところ，鍛えたいところもはっきりするはずです。メモを基に，今後の指導に生かします。

　学校で鍛えたことが，場所を変えてもできるかどうかが，成長のポイントです。

親の愛，仲間の絆に感謝する

　保護者が一番気になるのが，子どもが遠足を楽しんできたかということです。お弁当の様子も気にされます。お弁当を食べている様子は特にたくさん撮影して通信に載せましょう。

　最近はキャラクター弁当「キャラ弁」を持っている子がいるなど，お弁当自体に目が引かれることもあるかもしれません。しかし，快く思わない保護者や，家庭の事情で手づくりが難しい場合もあるので，撮影には配慮が必要です。お弁当があまり映らないけれど，食べている様子…なら楽しさも伝わります。

　また，「一番多かったおかずは何？」とか，「おむすびはどの形が一番多かった？」とクイズ形式にしても楽しいでしょう。

　そして，子どもたちには「遠足に行けるのは幸せなこと」「朝早くお弁当をつくってくださった親への感謝の気持ちをもつこと」を伝えます。遠足から家に帰ったら，必ず保護者にお礼を言うように話します。

　また,「はしを忘れたら,○○くんがくれました」とか,「○○さんがシートに入れてくれました」という友達同士の遠足ならではの「思いやり」場面があれば把握しておきたいです。
　遠足から帰った次の日に,小さな紙に,「遠足で知った友達の優しさ」を書かせてみると,多くのことを知ることができます。
　「絵に描くのでもよいよ」と伝えておくと,そのまま学級通信に使えるでしょう。

よきも悪きも連絡はマメに「きちんと」

　保護者には子どもたちのよいところをどんどん伝えた方がよいでしょう。伝えるチャンスは，日々の仕事の中にたくさんあります。連絡帳や電話でのやり取りのちょっとした機会をとらえて，どんどんよいところを伝える必要があります。担任と保護者との最初の会話が，苦情処理だった…ということは絶対にあってはなりません。どんなに小さいことでも，子どもたちの成長をとらえて，まずは保護者に伝えることが大切です。よい学級，よい授業とは「その空間，時間で1ミリでも成長できること」です。

　「そんなことでも連絡するの？」と思うくらいがポイントです。積極的に伝えていきましょう。そうすることで，いざ何かが起こったときにも連絡が取りやすくなります。そして揉め事が起こったときもこのマメさが必要です。

日ごろのほめ言葉はプラスαが決め手

　保護者から，欠席や保護者会への出欠，その他細々とした事務連絡が連絡帳を通して伝えられるかと思います。それに対して事務的に返事をするのではなく，ちょっと一言その子のことをほめてみましょう。

　ただよい事実のみを伝えるのでも足りません。「掃除をがんばっています」「あいさつが皆の手本です」という事実プラス，その行動によってクラス全体がどうなっているか，皆にどのような影響を与えているか，ということも加えて伝えるのがポイントです。クラスへの所属意識がグンとアップします。

　また，デジカメで写真を撮りためておいて，そのシーンを印刷して貼り付けておくのも喜ばれます。

コトが起こったときは「きちんと」を伝える

　保護者に伝えるとき，電話でもいいし，重大さによっては家庭訪問になるかもしれません。しかし，話すべき事柄は，メモを見て淡々と伝えます。「メモ」を見て「淡々」が大切です。

　教師も人間です。感情が入るのは当たり前なのですが，この感情が入ると，保護者は「うちの子は差別されている」と思う原因になります。メモをしっかりと見ると，伝え間違いもありませんし，保護者にも信頼してもらえます。

　そして，明らかに悪いことをして叱ったことを伝える場合，「厳しく叱りました」「思い切り叱りました」という表現を使ってはいけません。「厳しく」という言葉に保護者は敏感です。「何でうちの子だけ，厳しく？」という疑いをもたれがちです。指導をしたことを伝えたい場合は，「きちんと話をしました」「きちんと指導をさせていただきました」という言葉を使うことが一番伝わりやすいと思います。

コトは次の日にもフォローする

　これは，山口県の中村健一先生も仰っていることですが，その日のうちに揉め事が解決して，その日のうちに終わり…ということはありません。その

問題に対して何日もかけて消化する子どもや，もしかしたらまだ言えていない子どももいるかもしれません。

　次の日に「様子はどうですか？」と連絡をすることで保護者も安心します。その際，学校での様子やがんばっていることもきちんと伝えます。

　場合によっては，数日後にも連絡をすることをおススメします。よほど特別なことがない限り，毎日連絡をすると保護者も負担に感じますし，子どもたちも心配になってしまいます。しつこい連絡ではなくて，つかず離れずの連絡がポイントになります。

　保護者も教師も子どもたちも，起こった問題に対して「落ち着いて考える余裕」が必要ですし，問題が起こったその日だけでなく，数日後にもフォローする「思いやり」をもつことで，「この先生は本気だ。決して見捨てない」という信頼につながります。

悪きを伝えるときは「話し方」を選ぶ

　学級担任をしていて「○○をがんばっていました！」「○○が大成功です！」とクラスのよいところだけを伝えてしまったり，「北斗くん，本当によくがんばっていますね」「南さん，とても優しいですよ」と子どもたちのよいところだけを伝えてしまったりしていることはありませんか？
　もちろん，よいところを伝えることは，悪いことではありません。むしろよいことです。積極的によいところを伝えるべきだと思います。
　しかし，よいところばかり伝えていては，保護者も「本当にこの先生はクラスや子どもたちを見てくれているのだろうか？」という不安に駆られてしまいます。担任が理想とする「あるべき姿」をしっかりと保護者に伝えましょう。子どもたちにもです！　そして，その「あるべき姿」に行き着くまでに，「今はここまで，できている」「ここをがんばったら，もっとよくなる」という考えで，私たちも接していければと思います。
　がんばるべきところもきちんと伝えることが，教師としての最大の「思いやり」です。

「あるべき姿」を示す

　学級通信では，クラスの様子を伝えますね。そのときに，こんなことができるようになったとか，次はこんなことができるように期待しているなど，よいところだけでなく，「がんばれば，もっとよくなるところ」も書きます。よいところも，悪いところもきちんと伝えるのです。
　ただ，「悪いところ」と表記すると，とげが立ちます。そこで，「改善するべきところ」「がんばれば，もっとよくなるところ」と書くのです。

> ○年△組　学級通信　平成26年4月12日　第5号
> ### 「聞く姿勢」は人を大切にすることです
> 　始業式から2日経ちました。初日から感じていたのですが，本当にやる気があり，何でもがんばる29名の子どもたちです。すっかり○年生。授業も真剣に受けています。担任として，とても嬉しいです。
> 　「聞く姿勢」がすばらしい子が多いです。その反面，「聞く姿勢」が少し崩れる子がいます。少しの崩れかもしれませんが，友達や先生が話をしているとき，手悪さをせず，きちんと相手の目を見て話を聞くことを指導しています。「聞く姿勢」は大人になっても必要な生活技能です。話がきちんと聞ける人は，相手を大切できる，人を大切にできる人です。そのような人は，皆から信頼されます。そのような大人になってほしいと願っています。「聞く姿勢」をもう少しがんばれば，今まで以上にすばらしいクラスになれます!!

　例えば，私は上記のようなことを書いたことがあります。
　教師が示す「あるべき姿」は，なぜ「あるべき姿」が必要なのか，具体例を通して紹介していくとよいでしょう。

一緒に考える姿勢で話す

　保護者の方々も，教師からよい話を聞くと喜ばれます。けれど，よいことばかりを話すわけにはいかないのが現実です。保護者の方も，改善点をきちんと伝えてもらい，何とかしたいと思っています。ですから，改善点を伝えても，悪い気はされないはずです。しかし，それは伝え方によります。

　伝え方には次のような「思いやり」が必要です。

> ①よい点をまず伝え,改善点はその後で。
> ②よい点8割,改善点2割。
> ③改善点の具体策を提示することで,一緒に考える姿勢を示す。

　①のアレンジとして,最後にまたよい点を伝える「サンドイッチ伝達法」もあります。
　よい点もたくさん伝えて,まずは安心してもらうことが大切です。気分よく始まり,気分よく終わりたいものです。
　また,具体策を話すことで,「この先生は本気で考えてくれている」と信頼を得ることができます。

「指導言」を鍛える

　子どもたちにとって一番身近な教材は何でしょう？
　それはズバリ、「担任」です。どのような「担任」であれ、子どもたちは担任の影響を受けます。小学校の場合、学校が楽しい、楽しくないは担任の責任と言っても過言ではありません。
　では、教師は何でもって子どもたちに知識や文化を伝えているでしょうか。「言語」です。「言語」で子どもたちは、取るべき行動を理解します。中には、教師の言葉遣いが移ってしまう子どもまでいます。教師の言葉遣いによって、授業やクラスの雰囲気も変わってきます。
　教師が、指導をするときの言語─「指導言」を鍛えることは、子どもたちへの最大の「思いやり」となります。子どもたちが気持ちよく学習し、学校生活を送れるように、教師は子どもたちが安心し、理解しやすい指導言を使いましょう。

Ａさせたいなら何と言う？

　岩下修先生著『ＡさせたいならＢと言え』（明治図書）を読んだことがありますか？　教育界の名著です。教師なら何度も読み返し実践を積まなければなりません。以前、セミナーで岩下先生とご一緒したときに、岩下先生の口から溢れ出すお言葉に、感動せずにはいられなかったことを覚えています。そして、「教師とはこうでなくてはならない」と思ったことも覚えています。
　例えば、教室がうるさかったとします。そのときに言う「うるさい」「静かにしなさい」という言葉ほど、思いやりに欠ける言葉はありません。確かに教室は静かになるでしょうが、雰囲気が悪くなります。

　その指導言に，子どもの思考をゆさぶるポイントは何１つありません。指導言は，子どもの思考をゆさぶるものでなくてはなりません。子どもたちを成長させるものでなくてはならないのです。

　私のクラスでは，給食の配膳では，お盆を持って並びません。お盆は先に配ってあって，おかずやごはん，牛乳は皆で協力して，それぞれが配っていきます。そのときに，１つのおかずに長い列ができ，無駄な時間が過ぎてしまったことがありました。

　私は，「他のおかずも運びなさい！」と少し大きい声を出してしまいました。私にイライラした気持ちがありました。しかし，動きは変わりませんでした。反省した私は，次の日，また同じ状況になったとき，指導言を考えてみました。

「できるだけ列を短くしなさい」

　子どもたちの動きが止まりました。何か考えているようでしたが，動き出した瞬間，全員が見事なまでの働きを見せました。もちろん，列はほとんどできませんでした。

　「できるだけ列を短くしなさい」という指導言で，子どもたちは思考をゆさぶられたのです。そして，何をすればよいのか，思考をフル回転させて行動に移すことができたのです。

第１章　デキる教師の目配り・気配り・思いやり　41

「どならない」ためには？

「どなる」指導には何も残りません。その場限りの対応になり，雰囲気も悪くなります。挙句の果てには，教師の信頼も失います。「どなる」ことは，教師として恥ずべき行為だと肝に銘ずるべきでしょう。

しかし，そう言う私も，どちらかと言えば「どなる」教師でした。もしかしたら，今でもそうかもしれませんが，そうならないよう努力しています。

次の2点を心がけています。

> ①例えば，「静かにしなさい」なら，静かになったときにどのような状況になっているのかを想像する。そうすると，「空気の音が聞こえる」「扇風機の音が聞こえる」などが見えてくる。それをそのまま指導言にしてみる。
> ②「どなる」ことをしそうになったら，とにかく黙って子どもたちを見つめる。心を落ち着かせながら，様子を見て，①に示した手順で指導言を考える。

指導言を鍛えれば，教師も子どもたちも幸せになれます。

問題勃発！　解決の基本は「え・き・す」

　子どもたちが学級に慣れてくると，いろいろな問題が起こるようになります。
　その問題を「起こさせない」努力は必要だとは思いますが，「起こって当たり前」という感覚も必要です。自己中心的な子，優しい子，しっかりした子…いろいろな子がいて，子どもたちは，そんな友達と自分の間で起こる問題で成長をしていくのです。

　問題が起こったら，次にあげる「え・き・す」を意識して対処してみてください。子どもたちも，保護者の方々も納得，安心するはずです。

教師は「え」顔で解決

　まず，教師の「笑顔」です。問題が起こったときに「笑顔」で…というのはなかなか難しいかもしれませんが，「こんな問題で，死ぬわけではない」と思うようにすれば，笑顔で対応することができます。
　子どもたちが困ったとき，泣きたいときの教師の「笑顔」は何事にも代えがたい「お守り」になります。
　教師の「笑顔」には，必ず解決してみせる，先生に任せておいて，という自信を示すことも含まれています。
　ただし，叱るべきときは，しっかりと真剣な表情で叱りましょう。叱るときにニヤニヤしていてはいけません。

とことん「き」いて解決

　笑顔で安心感を与えたら，まず，話を聞くことになります。
　そのときには，まず，「じゃんけんをしましょう」と当事者同士にじゃんけんをさせます。子どもたちは「えっ!!」とびっくりするかもしれません。それでもやらせます。
　そして，「勝った方からお話してね。その間，負けた人はしっかり聞いていてね。後で交代するからね。おかしいなと思ったことがあっても，相手のお話を遮ってはいけませんよ。後できちんと聞きますから」と話します。
　じゃんけんをすることで，雰囲気を和ませると同時に，子どもたちの心を落ち着かせる効果もあります。

　当事者の話は，1人ずつ，とことん聞きます。メモを取る場合は，「きちんと知りたいから，メモを取るからね」と子どもたちに伝えます。
　話を聞きながら，「先生はこう思うんだ」とか「違うだろ」ということを絶対に言ってはいけません。本当のことを喋らなくなります。とことん聞きます。
　教師は，「辛かったんだね」「〇〇ということだね」と相槌を打ったり，確認をしたりする程度でよいのです。
　一通り話を聞いた後，「先生がもう一度聞いたことを確認するから，間違

ったら言ってね」とメモを見せながら話をします。そして，話し合いの内容に間違いがないか，確認を取ります。

　これほど細かくしなくてもよいのではないか，と感じられている方もいるかもしれません。しかし，この努力が児童理解につながり，信頼につながる大切な「思いやり」です。
　ここは問題だ！と感じたら，「思いやり」ある対応をしましょう。必ず信頼を生みます。
　そして，信頼が生まれると，不思議なことに，ここまで細かくしなくてもよいようになってくるものなのです。

保護者への報告は「す」ぐに

　問題が解決したら，もしくは途中段階でも，保護者への報告は「すぐに」が鉄則です。「いじめ」が絡んでいるかもしれない問題であれば，なおさらです。保護者の方も非常に心配をしておられます。1時間目と2時間目の間，少し長い休み時間，昼休みに職員室に戻り，保護者に連絡をしましょう。たとえ途中段階であっても，その経過を連絡します。
　第一印象が変わります。「我が子のために，すぐに対応をしてくれた」と感じてくれるはずです。また，早期に対応することで解決も早くなります。

　ただし，必ずしもすべてを保護者に伝える必要はありません。
　1年目のときに，苦い経験をしました。
　活発な女の子がいたのですが，毎日のように友達とトラブルを起こしていました。今思い返すと，そんなに躍起になるほどのことではなかったのですが，私は毎日，女の子のお母さんに電話で報告をしていました。
　よかれと思ってしていたことなのですが，女の子の逃げ場を奪い，お母さんを追い詰めました。お母さんは，毎日連絡をしてくる私が何とも鬱陶しか

ったことでしょう。信頼を勝ち得るどころか，快い対応をしてくださいませんでした。そして，とうとうある日，女の子が「先生のせいで学校から帰って遊びに行けなくなった‼」と泣きながら訴えてきました。その子はしばらく友達とも距離を置き，1人で行動をすることが増えました。

　私がよかれと思ってしていたことが，裏目に出た結果でした。

　もちろん，保護者対応の仕方は保護者により千差万別です。同じように対応しても，上手くいくこともあれば，いかないこともあります。

　悩んだときは，そんな経験を嫌と言うほどしているであろう職員室の先輩先生や管理職の先生に相談してみるのもよいでしょう。

　保護者に連絡をする際の基本的な鉄則としては，先にあげた「よきも悪きも，連絡はマメに『きちんと』」なども参考にしていただけたらと思います。何より「思いやり」をもった対応を心がけ，信頼を勝ち得ていけたら，です。

「縦割り班活動」見ていないようで見よう

　先生の学校では，縦割り班活動はありますか？　1年生から6年生までの異年齢の子どもが交わる活動です。縦割り班清掃，縦割り班遠足，縦割り班給食，昼休みの縦割り班遊びなど，担任の手を離れて子どもたちは活動をします。ですから，きちんと子どもたちを見て評価をすることが難しいことが多くあります。もしくは，評価をしないこともあるかもしれません。
　しかし，そのような時間こそが，チャンスです！
　「先生！　どこからそんなこと，聞いたの？」「先生！　見ていてくれたんだ！」と子どもたちや保護者にも思ってもらい，幸せをおすそ分けできたら最高です。

縦割り班で学び合い

　縦割り班活動は，主に特別活動の分野で注目を浴びてきた活動方法です。一昔前なら，放課後や家での遊びで上下関係を学んでいた子どもたちですが，今はそのようなことでさえも，学校で教えていかないといけない時代になったのかもしれません。その時代背景から，縦割り班活動が生まれたのです。教室を飛び出しての活動が中心で，教科の授業での縦割り班活動はあまり行われていないのが現状ではないでしょうか。
　以前，勤務していた学校でのことです。私が担当している縦割り班で，「上級生が勉強を教えよう」という活動をしたことがあります。子どもたちから出てきた活動で，5，6年生の子が下学年の子に勉強を教えることはもちろんですが，2，3年生の子が1年生の子に喜んで勉強を教える姿を見ることができました。普段の教室では見ることができない光景です。

1年の内容なので，勉強が苦手な場合でも教えることができます。また，1年生や2年生にとっては，「やっぱりお兄ちゃんたちってすごい！」と改めて上級生を尊敬し直すきっかけにもなります。
　実際，私が担当をした班の子どもたちは，次の日に行われたテストの点が上がったと報告に来てくれましたし，担任していた6年生の子からは，「勉強は苦手だったけど，教えてわかってくれると嬉しいから，復習をしてみるよ」という声を聞くことができました。
　縦割り班活動でこんな学び合う学習を行ってみるのも，子どもたちのやる気アップにつながります。

机の上メッセージできちんと評価を！

　縦割り班活動でも，きちんと評価（子どもを見ること）が必要です。
　毎回活動のたび，全員を，と言うと難しいかもしれませんが，どの活動でだれを評価するか，そしていつまでに全員評価をするか，計画しておくとよいでしょう。子どもたちもより生き生きと活動をすることができます。
　縦割り班活動は，やって終わりではいけません。私は，大きめな付箋に

> 　今日の縦割り班掃除では，低学年の子に優しくほうきの使い方を教えていたね。

などとメッセージを書いて，机の上に貼る…ということをよくやります。付箋には，「連絡帳に貼ってお家の人に見せてね」とも添えておきます。
　登校してきて朝一番に発見できるように放課後に仕込みます。目に触れる場所に置くので，内容・書き方は，他の子どもが見ることも想定したものにします。付箋を見た他の子どもが発奮することもあります。
　その子どもだけでなく，保護者にも伝わり，他の子どもにも刺激になる「思いやり」アイデアです。

「水泳発表会」は皆それぞれがんばる,応援する

　水泳は,得手不得手がはっきりする学習内容です。ですから,私は泳力別水泳学習をオススメします。
　個人個人の泳力別に目標を設定し,コースに分かれて学習させます。全員一律,25メートル泳がせたい!!という気持ちもありますが…。

おススメは泳力別水泳学習

　泳力別の学習は,学年団の連携が成功のカギです。
　水泳学習には複数の教師が立ち会いますから,複数のコース設定が可能ではありますが,教師の数が足りない場合は,学習の仕方を書いた紙をラミネートしてプールに浮かせておくことも有効です。最初に学習の仕方をしっかりと教え,子どもたちで進めていくのです。
　また,得意な子どもを先生役にすることも有効です。
　教えるだけの子どもは与えるばかりではありません。教えることで学習が定着もします。教え合うことで,思いやりもはぐくむことができます。

```
            コース分けの例
1コース      顔つけ移動コース
2・3コース    クロール集中コース
4・5コース    タイムアタックコース
6コース      平泳ぎコース
※苦手な子どもが多い,指導が難しいコースはプールサイドへ近付ける。
```

泳力が違っても，がんばりは同じ

　水泳学習の終わりに，一人ひとりがどれくらい泳げるようになったのか，発表をしましょう。
　そのときに，必ず一人ひとりの泳力が違っても，努力を続けたこと，泳ぐ距離やタイムが伸びたこと，泳げる泳法が増えたことを全力でほめ合います。
　得意な子どもの中に，苦手な子どもを馬鹿にする子どもがいるのではないかという心配があるでしょう。でも，その子ども自身，この授業の中でどのくらい努力して伸びているでしょうか。100メートル泳げたAくんは，相変わらず100メートルしか泳げないかもしれません。10メートルしか泳げなかったBさんが，25メートル泳げるようになったことを評価すべきです。
　また，得意なことは人それぞれです。発表会のときだけ違いを認める指導をするのではなく，水泳学習の最初から，もっと言えば，学級開きから人それぞれの努力について聞かせていきます。
　「水泳発表会」もその1つです。応援の仕方も教えます。
　「応援しましょう」では，どのように応援したらよいのかわからない子どももいます。「〇〇!!（名前）泳げ!!　〇〇!!　泳げ!!」と一人ひとりの応援コールをつくると盛り上がります。
　そのコールは，そこから先の授業や行事などで使えるかもしれません。

終わりよければ，「新学期」の始まりもよし

　ズバリ，学期末の先生は下記のどのタイプでしょうか？

A　学習範囲が終わっていなくて，慌てて授業やテストを進めるタイプ。
B　あと少しだからと気が緩み，「お楽しみ会」と称する遊びをたくさんするタイプ。
C　普段の生活を崩さず，かつ，学習や生活のまとめをするタイプ。

　まず，A。かなりの割合でこうなる先生が多いです。しかし，慌ててやっても仕方ありません。学年主任の先生などに相談して，次の学期に回せるものは回し，計画の立て直しをした方が，クラスが落ち着きます。無理をしないことです。
　Bは論外です。「お楽しみ会」と称すれば響きはいいですが，その「お楽しみ会」で子どもをどう鍛え，育てるねらいがあるのでしょうか。授業をしっかりするべきです。
　Cを目指したいですね。そして，「次の学期もがんばるぞ」「次の学期も何か楽しいことがありそうだ！」と子どもも保護者も，そして先生も思えるようになりたいです。そうすることで，休み明けでもだらだらすることなく，よい再スタートを切ることができるでしょう。

学習ゲームでまとめ学習を楽しく

　学期末は，未履修の学習を進めながらも，今学期の学習のまとめをしていかなくてはならず，なかなか忙しく，時間が足りません。

　そこで、未習の学習は今まで通り授業を進め、学習のまとめは子どもたちが楽しく復習できるように「学習ゲーム」を用います。
　「学習ゲーム」を進めるうえで大切なポイントは、次のようになります。

① 「楽しみながら鍛える」もの
　学習内容をきちんと含んでおり、楽しみながらできるもの。
② 「できるかできないか」の運任せ的なもの
　簡単にできるものはおもしろくないので、運任せ的なもので盛り上がるもの。
③ 「チーム性」のあるもの
　仲間と協力、相談しながら進めて、学習と同時にクラスづくり的な指導や生徒指導的な内容を含めることができるもの。

　「学習ゲーム」とは、例えば、次のようなものです。
　ここであげた「古今東西」は、楽しくもあり、学習内容も含まれ、チーム性もあるので、おススメです。

古今東西－歴史人物ゲーム
〜進め方〜
①教師「古今東西！　お題は，1学期に出てきた歴史人物！」
②子どもたち…ひそひそ声で班で相談する（1分ほど）。
③教師「古今東西！　1学期に出てきた歴史人物！」
④班ごとに声をそろえ，クラス全員で班で決めた歴史人物を大きな声で！
⑤各班ずつ，何を言ったのか確認
　　教師…「1班」　1班の子どもたち………「卑弥呼です」
　　教師…「2班」　2班の子どもたち………「織田信長です」
　　教師…「3班」　3班の子どもたち………「卑弥呼です」
　　以下続く。
⑥教師「一番多い『卑弥呼』と言った班の勝利!!」　勝利班にポイントを。
⑦出てきた歴史人物を確認する。
※班で協力できていたり，思いやりがすばらしかったりした行動を，1学期
　を振り返りながら指導するとよい。

「お楽しみ会」で子どもを育てる

　「お楽しみ会」を否定しているわけではありません。
　クラスでの集会を，子どもたちの力で計画，相談，実施することは大切なことです。この経験は，高学年での児童会活動に生きてきます。
　要は「この学年が始まったころは，〜だったけど，今は皆○○だよ」と全員が思えるような達成感のある集会をつくりたいものです。
　子どもたち皆が楽しめる会をつくることができるようにフォローします。そして，ちょっとしたサプライズも用意します。計画している子どもたちに「先生も，何かさせてね」とお願いをしておくのです。もちろん，内容は秘密にして。自分の得意なものなら何でも構いません。私の場合はギターやドラムの演奏をしました。イラストを描いて披露した先生や，手品を披露した

先生もいらっしゃいました。ロードバイクが趣味で，ロードバイクで教室に入ってきた先生もいらっしゃいます。それだけで，子どもたちは大はしゃぎです。

　そして，子どもたちがはしゃいで盛り上がった最後に「担任としての思い」を話すのです。

　簡単で結構です。今までの感謝，そしてこれからもよろしく，そしてこんなクラスになってほしい，こんなように成長してほしいという思いを話すのです。出し物の内容と絡めるとなおよいです。

　そして，最後に次の学期に学ぶことを紹介します。行事のことや学習のことなどを具体的に示すと，子どもたちのワクワク感は高まります。「次の学期もがんばろう」という気持ちになるのです。

　ただし，そうするためには，教師が事前に次の学期の計画を考えておかなくてはなりません。長期休暇に入ってから，次の学期のことを考えるのではなく，長期休暇まで約1か月を切ったときに考え始めなくてはなりません。

　そうすることで，終業式までに何をしたらよいかも見えてくるでしょう。

休み中も子どもを思い,足を向ける

　学校には長い夏休みがあります。お互い始業式から全力でがんばってきたからこそ,楽しみな夏休みです。研修や指導案の作成など,教師には様々な仕事があります。気晴らしもかねて,クラスの子どもたちのためにアクションを起こしてみる「思い」もよいものです。
　「子どもたちが来ていないのにどうやって?」と思われるかもしれませんが,来ていなかったら,こちらから行けばよいのです。「何で先生がここにいるの?」と思わせれば印象バツグンです。

学区をぶらぶらする

　仕事上,お祭りの日に学区をパトロール…ということはあるかもしれませんが,何もない普通の日に,学区の商店街をぶらぶらしたことはありますか? 目的は特にありません。普段なかなか行けなかったところや,見落としていたところなど,夏休みだからこそ出かけてみることで,たくさんの発見があります。そこの名物を食べてもよいかもしれません。
　以前,学区の有名なうどん屋さん(某テレビ局の各県を自慢する番組にも出演したことがある)に行ったとき,そこのご主人がクラスの子どものおばあさんということがわかり,話が盛り上がったことがありました。買ったり,食べたりはお財布と相談しながらですが,ちょっとお店を覗くだけでも,意外なことがわかります。子どもの身近な街を知り,思いがけない教材研究ができたり,生徒指導上役に立つ情報を得たりすることができます。
　また,子どもたちや保護者の方に出会うこともよくあります。子どもたちは学校外で先生に会うと,新鮮なのかとても喜びます。普段は見せない表情

を見せてくれます。また，保護者の方とも話をすることも楽しみの1つです。
　私の場合，夏休み中の昼食はお弁当でしたが，おかずを1品，商店街に買いに行ったり，スイーツを買いに行ったりしていました。ちょっとした非日常を楽しみながら，夏休み中の子どもたちともつながってみましょう。

季節のご挨拶は足で運ぶ

　夏休み中，子どもたちに暑中見舞いや残暑見舞いを送っていますか？　私もよく送りますが，ちょっとプラスαの「思い」をのせます。郵便局の皆さんには怒られるかもしれませんが（笑），ハガキを，子どもたちのお家まで持って行くのです。簡単な家庭訪問です。
　もちろん，夏休みです。子どもや保護者の方に会えたらラッキーぐらいな気持ちで，ミニ家庭訪問に行きましょう。クラスの子どもたちが，家の前で遊んでいるかもしれません。家に行く途中も，いろいろな子どもたちに会うことができます。夏休み中のことなどを話してみましょう。そして，時間の許す限り，遊んだり，話をしたりしましょう。
　何気ないことでも，子どもたちや保護者の方にとっては，「夏休みに先生が来てくれた」とかなり喜んでくれます。
　ちょっとした足を運ぶ「思いやり」が，後々の学級経営によい影響を与えていきます。

「休み明け」は気持ちよく始める

　長期の休み明けは，子どもたちも少しだるそうにしているものです。教師の方は「さあがんばるぞ！」と張り切っているかもしれませんが…。
　ですから，「さあ，休みは終わったぞ，だらだらしてはいけません‼」などと子どもたちに言っても空回りします。逆効果です。「もっと休みたかったなぁ」と思う心理も当たり前ですし，何しろまだ子どもです。休み明けはやはり辛いのです。
　私も子どものころ，○本テレビの「○○時間テレビ」のラストを見ながら，「夏休みが終わる」と涙した1人です。
　少しずつ子どものワクワク感を高めていきましょう。

子どもの足取りを軽くするシカケ

　校門をくぐって，教室に入るまで，いろいろなシカケをしておきます…と言っても，罠みたいなものではなく，主にクイズを用意しておきます。最初は下足箱に「先生は夏休みにかき氷を何回食べたでしょう？」などというクイズを紙に書いて貼っておきます。教室に行くまでにも，数問貼っておきます。学年の掲示板などがよいでしょう。もちろん，他クラスや他学年の邪魔にならないような配慮をします。
　そして，教室に入ってからも，黒板にクイズを。追い打ちをかけるなら，教室の入り口にもクイズ…とクイズ攻めをします。
　答え合わせは皆がそろってから行います。そして，少し凝るなら，各クイズの答えの頭文字を合わせると，学級目標になる…という工夫もおもしろいです。

「あっ！ 2学期も楽しそうだな」「先生に会うのが楽しみ！」と思ってもらえたら，しめたものです。

　また，楽しませるだけでなく，安心感を与えることも大切です。
　学期が始まる前には，子どもたちの机と椅子がきれいな状態で全員分そろっているか，必ず確認しましょう。長期休業中には教室内で工事が行われたり，催しが行われたりして，机が移動していた…ということもあります。
　新学期からの転校してきた子どもの机がなかった…ということも避けたいです。子どもが来て気付いた時点ですぐに準備できることかもしれませんが，子どもたちは不安になります。該当児童はもちろんですが，周囲の子どもも，「何が起こったのだろう」と不安に駆られるのです。すぐに準備できることだからこそ，これは絶対にあってはならないことです。
　必ず前日までに，

●机や椅子の数の確認
●児童机の掃除
●ロッカーの確認
●教室の整理・整頓

をしておきましょう。

休み前と変わらない美しい教室があるだけで，子どもたちは安心します。

休み明けにできるのはすごいこと

「長い休み明けだから，○○ができていないなあ…」と思うこと，ありませんか？　休み明けです。当たり前のことです。「成長しているクラスは休み明けでもレベルが落ちない」などとも言われていますが，そうとも限りません。子どもたち一人ひとりを見てみましょう。家庭環境も様々です。
　まずは，全体としては，最低限のレベルができていればよしとしましょう。
　始業式ならば，

●気を付けができる
●話を静かに聞くことができる

ということができていればよしとします。
　休み明けなので，「○○ができていない」のは当たり前です。時が経つ中で，できることが増えていけばよいのです。
　逆に「休み明けなのに，○○までできていてすごい!!」というところをたくさん探しましょう。そして，しっかりほめましょう。
　子どもたちの粗を探しがちになってしまうのが教師です。相手は子どもです。できていないところではなく，「どれだけ伸びているか」を休み明けには見つけてあげましょう。
　そこを評価し，「思いやる」ことで，子どもたちも保護者も，そして先生も笑顔で新学期を始めることができます。

「記録会」では記録だけでなく，「ココロ」も育てる

　私が以前勤めていた岡山県は，水泳記録会と陸上運動記録会がありました。特に陸上運動記録会は6年生が全員参加で，1人1種目以上参加し，学校対抗のリレーもありました。水泳記録会は，25メートル泳げる子どもが対象でしたが，夏休みに3つ以上，参加できる大会がありました。
　ところ変わればで，大阪府の小学校では，水泳記録会はあるものの，陸上は私的なクラブチームを中心に活動をしており，ありません。
　こういった行事は地域によるのかもしれません。
　また，子どもたちにも，こういった行事への全員参加によって，輝く子どもがいれば，他方，苦手だなぁと思う子どももいます。
　教師としては苦手だなぁと思う子どもをなんとかフォローする「思いやり」をもちたいです。

自分をいかに伸ばすか，授業がまずは大切

　忘れてはならないのは，記録会で勝つための授業をしないことです。
　水泳記録会の前の水泳の授業，陸上運動記録会の前の体育・陸上の授業はその練習を行うことが多いでしょう。けれど，水泳や陸上運動の記録会はあくまで授業で身に付けた技能を，他校の子どもたちと競い合うためのものです。「がんばれ，がんばれ，記録を出すぞ！」と言った鼓舞ではなく，学習内容をとらえて，正しいフォームを身に付けること，けがをさせないようにすることに気を付けます。当たり前のことですが，大会前となると，熱くなってしまうものです。
　そして，他の学校に勝利するよりも，自分の中での戦いということを大切

にできたらよいのではないかと思います。

　練習するごとに，記録が伸びることは嬉しいことです。また，逆に伸び悩んでも，子ども同士が励まし合ったり，学び合ったりできることがあれば成長もします。

　伸び悩む子どもがいたときには周りの子どもに「〇〇さんにはどんなアドバイスをしたらよいかな？」と声をかけると，教師がアドバイスするより，子どもたちのかかわりが増え，周りの子どもも考えるようになります。

　こうした技能面だけでなく，精神面も成長させるちょっとした「思いやり」が子どもの心を包んでいきます。

終わってからも大切

　記録会が全員参加で，行事として位置付いていたら特に…ですが，記録会後が大切です。

　勝っても負けても，

- 「参加できたことに感謝」をする心
- 個人競技であっても，励まし合った「仲間」を大切にする心
- 最後までがんばることができた自分を誇りに思う気持ち

を確認し，次へつなげていきたいものです。

　行事が終わったら，「○○へ手紙」をおススメします。
　○○は，友達や自分，お母さんといった，上記のような気持ちを伝えたい相手の名前が入ります。

・一緒にハードル走をがんばった中條くんへ
・お弁当をつくってくれたお母さんへ
・会場を準備してくださった役員の先生へ
・がんばった自分へ

という具合です。
　いろいろな人に，数行でいいので手紙を書きます。
　単なる日記や感想文ではだれに書いているのか視点が定めにくいですが，だれに宛てての メッセージかを指定すると，子どもたちの筆は進みやすいです。

　書いた後は，先生からメッセージを加えたり，切り取って相手へプレゼントしたりすると喜ばれます。
　保護者の方には子どもの成長を感じてもらえます。

「学芸会」映画監督ばりの熱い思いで盛り上げる

　先生は学芸会，好きですか？　時々，「劇の指導が好きだ」という先生の話を聞きます。とてもすばらしいことです。
　運動が苦手な子どもがいるのと同じように，学芸会や劇が苦手な子どももいます。好きな子ども・得意な子どもはこちらの指導でどんどん成長をしていきますが，苦手な子どもはそうはいきません。そんな子どもに一番有効な方法…それは「教師のそれ（ここでは学芸会や劇）に対する熱意や工夫」しかありません。
　学芸会での「熱意や工夫」はまず，台本づくり，と私は思います。

子どもに合わせたオリジナル台本を

　学芸会で劇をするときは，必ず自分で台本を作成していました。
　そう言うと，オリジナルのお話を書いているのかと思われがちですが，そうではありません。身近な子どもに人気のアニメやテレビ番組をモチーフに，クラスの子どもたちが演じやすい台本にするのです。
　今までですと，「サザエさん」「水戸黄門」「美女と野獣～江戸時代編～」「怪物くん」「ドラゴンボール」「妖怪人間ベム」などを台本にしました。
　子どもたちも保護者も大喜びです。
　そんな台本づくりの熱意は，苦手さのある子どもがちょっとでもノッてくれたら…そして去年より楽しく学芸会に参加している子どもを保護者に見せたい，という教師の「思いやり」からです。
　クラスの子どもたち一人ひとりを思い浮かべ，「この子がこの役だったら…」と考え（妄想？し）ながら，台本を作成していきます。とは言え，台本

をつくっているときには，だれが何をするのかは決まっていません。だれがやっても映える台本が求められます。主人公以外は，

- せりふの数や長さを同じぐらいにする
- 動きは子どもたちが考える余地を残す

ようにします。主人公だけには，やはり「適役」というものがあるかもしれません。苦手な子どもに無理にやらせても苦痛なだけです。チャレンジさせることで成長を促すという意見もあるとは思いますが，それは他の役をしていても成長します。

　台本は完成したらすぐに子どもたちに渡します。じっくり読み込みます。国語の授業のように，教師と詳しく音読してもよいでしょう（音読のアイデアについては，第2章「国語」を参照ください）。

　そして，3日後。オーディションを行います。

担任は映画監督ぶろう

　教師も，学芸会の練習期間は映画監督になり切って気分を盛り上げます。
　子どもたちには，「役になり切れ」とか「気持ちを込めて」とよく指導をするでしょう？　それがどれだけ難しいことか…，まずは教師自身が「映画監督」になり切るのです。
　教室に入ったときから，映画監督のように振る舞います。
　健康観察も，役の名前で呼びます。役になり切って返事をした子どもがいたらほめます（恥ずかしがる子どもを無理やりさせてはいけません。あくまで雰囲気を大切に）。
　授業中も，映画監督風に…，音読を止めるときに，「カーッットゥー!!」と叫んでも盛り上がります。授業や学級経営でも学芸会，劇の雰囲気が盛り上がりますね。…やりすぎ，注意，熱意が溢れすぎでしょうか。

「児童会行事」で全校に広げる「思いやり」

　質問です。児童会行事を学級経営の中心に置いていますか？　…なんて，こなすだけでイッパイイッパイな行事かもしれませんね。
　けれど，高学年は児童会役員や運営委員会の子どもがいますから，その子どものがんばりをクラス全体へ広げることはできます。また，学校全体へ，保護者へも効果を広げることもできます。
　児童会行事成功のポイントこそ，「思いやり」なのです。行事前，行事中，行事後の「思いやり」があります。

行事前の思いやり―6年生の思いやりを1年生に

　例えば，「1年生を迎える会」を児童会行事として行うことにします。
　児童会担当の先生と，児童会役員の子どもたちで企画し，職員会議でも教師から他の教師へ提案をします。そして，OKが出れば，子どもたちが実際に動き出します。
　各クラスにプリントを配布して，学年で相談をし，準備をして本番という流れ…というのが一般的でしょうか。
　そこで，行事が行われる前，1年生の子どもたちには，同じ組の6年生から，当日の動きの説明をしてもらうことをおススメします。
　6年生は担当する子どもへ丁寧に当日の動きを説明します。それだけで，優しい雰囲気が広がります。
　また，1年生の保護者宛へ手紙を書いてもよいでしょう。お世話をしてもらっている6年生から，入学してがんばっていること，楽しく遊んでいること，1年生を迎える会ですることなどを手紙で伝えます。はじめて子どもを

入学させた１年生の保護者は安心し，６年生の優しさも広がります。

行事中の思いやり─近くに座れば思いも伝わる

　１年生を迎える会の会場設営はどのようにしていますか？　おそらく，１年生が在校生に向かって座り，在校生が体育館フロアに…という状況ではないでしょうか。
　ここで，ひと工夫です。
　もし縦割り班があるのなら，縦割り班で座ります。
　縦割り班がないのなら，１年生と６年生が一緒に座ります。それだけで，和やかな雰囲気になります。
　皆でゲームをしたり，先生クイズをしたり，全校が協力して楽しい時間を過ごせるでしょう。
　そして，プログラムの中に，「１年生紹介」をぜひ入れましょう。事前に１年生に簡単なインタビューをします。
　「好きなおかし」「好きなアニメ」「好きな食べ物」…好きなものを尋ねるのが一番手軽かもしれません。
　児童会役員の子どもたちが１人ずつ発表してもよいし，担当の６年生が担当している子どもについて発表しても盛り上がります。

行事後の思いやり―6年生の思いやりを1年生に

　行事後がポイントです。行事を通して全校の子どもたちがつながることができたことを,忘れないようにさせることが大切です。
　行事後,すぐに作文を書かせてもよいですが,下記のような工夫もできます。
　例えば,

「自分で反省をします。自分の態度がどうだったか,自分で反省するのです。人は関係ありません。行事の準備から思いやりを込めて準備をし,本番も積極的に1年生に優しくできたら3点,少しできたら2点…」

というように,基準を教師から伝え,全員起立や挙手をさせ,自己反省を促します。
　簡単で,効果絶大です。
　高学年の場合は,1人ずつ「行事に対する姿勢」や「行事後,どう思ったのか」を振り返らせる工夫をします。
　自分で反省をすることで,自分の中で成長につながります。

　低学年の場合は,簡単でよいので,行事でお世話になった高学年へお礼を伝えに行くことで,「思いやり」が広がります。

学級崩壊への「危機感」を失わない

　学級崩壊はいつ，どんなクラスでも起こります。どんなにすばらしいクラスでも，学級崩壊をする「ほころび」はもっています。学級崩壊をさせない教師は，「上手くいっていても危機感をもって」毎日の実践に取り組まれています。クラスが成熟してきたときも，気を引き締め，保護者の心も，子どもの心もしっかりとわしづかみしていくことを忘れずにいきましょう。

自分の「魔の月」を知ろう

　学級経営についていくつもご本を書かれている野中信行先生が，6月を「学級経営の魔の月」として警鐘されています。
　6月と，11月，そして2月も気を付ける月です。
　まず，自分の学校では，いつが魔の月なのかを知ることが大切です。野中先生が提唱されている6月・11月・2月は，学級としてはそれぞれの学期の成熟期になります。それにプラスして，「自分の学校では？」と考えます。考える基準としては，「大きな行事」の後です。特に，運動会や学芸会などの「練習を必要とする行事」は危険です。そのような行事の前，つまり，練習をしている最中は，指導も通りやすく，クラスにも一体感が生まれ，まとまっていきます。しかし，行事が終わり，ひと心地つき，「次はどうしようか？」というときが危ないのです。
　「あそこまで行事に一生懸命に取り組んでいたんだ。もう大丈夫だろう」と思うことは大変危険です。子どもたちにとって，「行事はただの行事」です。教師が「皆にとってどんな意味のある行事だったのか」を意味付けする必要があります。

運動会に向けて，全校で一生懸命に練習に取り組み，本番でも大成功でした。
　そして，休み明け。一斉下校のために全校が集まる機会がありましたが，そのときの集合は散々たるものでした。運動会では，すばらしい集合を見せていたのにもかかわらず…。
　担当の先生が「君たちは運動会であれだけがんばれたのに，何で一斉下校の集合がきちんとできないんだ！」と全校児童に向かって話をされました。けれど，できないのは，教師の責任です。運動会で付けた力を，運動会だけに生かすように指導していたのです。

「運動会の練習を通して，皆さん素早く集合できるようになりましたね。今後，全校が集まる機会があったときには，この力を使って，さっと集合してください」

と付けた力の意味付け，日ごろどう生かすか，を指導しなくてはならないのです。
　学級崩壊しそうな時期をきちんと把握し，常に危険意識をもって学級経営をしましょう。特に，大きな行事の後が危険です。しっかりとその時期を把握し，子どもを本当に伸ばす「思いやり」をもちましょう。

危機を乗り越える方法

　学級経営の魔の時期。私は，以下の２点をチェックしています。

チェックポイント１　学級のシステムが上手く機能しているか
　日直の仕事や当番，会社活動，自習の仕方，宿題の出し方，給食の時間に至るまで，そのクラス独自のシステムが上手く機能しているかチェックします。

時期にかかわらず余裕があるならば，1週間に1回チェックしてもよいでしょう。
　ここで，大切なポイントが2つあります。

●自分の目でしっかりチェックすること
●現実を恐れずに正確に判断すること

です。
　自分のクラスなのですから，自分の目でしっかりチェックしましょう。自分なりの信念もあるはずです。そこを大切にします。
　他の先生に見ていただくのも大切ですが，見ていただく先生の主観が入る場合もあります。見ていただくこととは別！と考えるとよいでしょう。また，自分で判断する分，恐れずにしっかりと現実を見ます。見たくない状況もあると思いますが，それを無視すると一気に学級崩壊です。自分でチェックしてから，他の先生に見ていただくことは効果があります。しっかりと現実を見て，対策を練るのです。
　できていないところがあって当たり前です。できていないところは，できるまで徹底的に繰り返していきます。

チェックポイント2　きちんと「授業」ができているか

　学級崩壊しないクラスは，学習や授業のシステムがきちんと機能しています。かつて自分のクラスを学級崩壊させてしまったときの私の間違った考えが，「子どもたちは勉強より遊ぶことを望んでいる」というものでした。そして，その考えに流され，悲惨なことになってしまいました。
　どんなに「勉強が嫌い!!」と言っている子どもも，「100点を取りたい」「楽しく勉強したい」「賢くなりたい」と思っています。1回でも多く，そのような経験をさせたいものです。
　4月から指導している，授業中のきまりごとがきちんと機能しているでし

ょうか。いい加減な発表の仕方，ノートの書き方になっていないでしょうか。そのようなことを考えながら授業をしていきます。

　授業をしながらのチェックが難しいときは，ＩＣレコーダーに授業を録音したり，子どもたちのノートをコピーして自宅で検討したりするとよいでしょう。できていないところ，特に曖昧になっているところは必ずあります。指導し直します。

　また，子どもたち自身が，自分が「伸びた」と実感することを確約できているでしょうか。いつまで経っても成果が出ないのでは，子どもたちもやる気がなくなります。全員100点でなくてもよいのです。10点だった子が20点になった！ということが大切です。

　成果が出る学習法を先輩に聞いたり，実践したりして，自分なりにもっておくことが大切です。そして，それを子どもたちに合わせて実践していきます。

　先生自身が教え方を磨き，努力することで，少しずつ少しずつ「自分もできた」という体験をする子どもが増えるはずです。そのような気持ちをもつことで，学級崩壊を防ぐことができます。

「成績作成」で努力を「プラス1」して心をつかむ

　成績表に一喜一憂する子どもたち。そして，保護者。
　成績表作成は徹夜もいとわず，子どもたちや保護者に子どもたちの成長を伝えるための必死の作業です。「評価」も学級経営，授業経営の1つです。正しい評価を子どもたちに返していくことが大切です。
　評価については，兵庫県の岡田広示先生の『観点別でよく分かる！　小学校各教科「評価・評定」のすべて』（明治図書）がおススメです。参考にしてください。
　ここでは，具体的に，どのように血のにじむ？努力をすれば，子どもや保護者に思いが伝わる成績表を作成できるのか…をご紹介します。

まずは，評価のアイデア

　若いころは，先輩方の成績処理の仕方を学ぶこともあるでしょう。しかし，成績処理の仕方，コツはかなり人それぞれかもしれません。評価する観点などそろえるべきところは学年で話し合ってそろえるのでブレはありませんが，一人ひとりの様子を思い出したり，所見の内容を考えたりするのは担任する教師それぞれになります。
　忙しくならないようにするには，以下のような工夫が必要です。

▎単元ごとに評価する

　まず，「テストをその時間のうちに返却する」ことを目指します。
　そうすれば，評価，子どもや保護者へのフィードバックがその日のうちにできます。

次のように行います。

①テストを実施する。
②できた子どもから見直しをきちんとさせて教師へ提出させる。
③教師は提出した子どもから順に採点し，点数やできていないところを記録簿に転記する。待っている間は，課題を用意しておく。
④採点が終了した子どもから順に呼び，自分で直しをさせる。直した子どもから再提出させ，確認する。個別指導がいる子どもは別の時間に。
※点数だけでなく，称賛や励ましの言葉も添えるとベストです。保護者にも喜ばれます。

100点の子
1000点と書きます。それだけで嬉しいものです。その横に，「EXCELLENT」と書いたり，子どもたちの様子に合わせてメッセージを書きます（「いつもすごい!!」「よくがんばった!!」「ついに1000点!!」など）。

90点以上の子
「VERY GOOD」の他に，「おしい!! ○○に気を付けて!!」など，ミスを減らすような言葉かけをします。

80点以上の子
「GOOD」「○○の計算をもう少しすれば大丈夫」などの励ましの言葉を書きます。

79点以下の子（どんなに低くても）
テストをがんばっていたことを「がんばったね」というメッセージでほめます。「次は○点を目指そうね」などという，目標も設定します。「後で先生と少しやってみよう」とコメントを入れることで，保護者も子どもも安心します。そして，きちんとフォローもします。ここでのコメントも子どもたちそれぞれです。「おしい！」もよく使います（おしくなくても）。

そして，上記に加え，採点しながら評価するようにします。
　点数を転記するだけでなく，テストの内容も簡単に転記しておきます。詳しく書く必要はありません。両面縮小コピーしておいてもよいでしょう。
　慣れてきたら，「100点の場合は点数は書かず，99点以下の場合に記載する」ようにしたり，「大問1□□□（空白なのは正解）大問2①0.5（不正解解答を簡単に記載しておくと見直ししやすい）②　　　　③無回答…」というように一覧表に素早く転記していきます。

ノートは1冊にまとめる

　成績をつけるノートは，子どもたちの記録欄があるものと一緒に，1冊にまとめます。私は，そこに予定も書いてノート1冊にまとめています。
　私の場合，学年や学級のすべての情報が入っているノート1冊（教務必携，そこに授業案も記入しています）とプリントを貼る大きめの大学ノート1冊のみです。
　成績を別にしていたときもありましたが，すぐに出せなかったり，教室で成績処理をしようと思ったら職員室に置き忘れていたりと，仕事が進まなかったので，すべてを1冊にして持ち歩くようにしました。そうすることで，成績や個別の生活状況もリンクして評価できます。
　そして，その1冊がすべてなので，管理にも手間取りません。

デジタルカメラを活用する

　今やデジカメは教師の必需品です。
　子どもたちの様子だけでなく，ノートの内容や図画工作・家庭科の作品を写真撮影したり，リコーダーや体育の実技も動画で記録したりできます。
　後で見直して評価できます。
　記録メディアは容量が多いものを選ぶとよいでしょう。
　また，携帯電話での記録はおススメしません。ネットにつながると，情報漏洩の恐れがあるからです。

　撮影した画像や動画は，定期的に他のメディアに記録しておきます。懇談などでもそれを見ながらお話すれば，効果大です！

プラス１の思いやり！

　学期最終日に渡す通知表は，次第に電子化されてきています。パソコンで作成し，印刷し，配布をする学校も少なくないでしょう。ＩＴ化で教師の負担が軽減されるのはよいことです。
　しかし，失われるものもあるのではないかと，私は思っています。
　私はずっと手書きの成績表でしたが，２年ほど電子化を経験しました。
　仕事は少し楽になりました。
　しかし，保護者からは「手を抜いている」「気持ちが伝わらない」という感想をいただいたのも事実です。
　通知表作成作業が楽になった分，一つひとつの評価をもっと具体的にしっかりとする必要もあるでしょう。例えば，算数科なら「きちんと計算処理ができる」という評価項目ではなくて，「かけ算の筆算が正確にできる」というように具体的な文言にしたらよかったかもしれません。
　また，所見の文章も，一人ひとりの様子にガッチリ合ったものにします。『通知表文例集』のような書籍もあり，確かに参考にはなりますが，そのまま使い回すのは絶対にだめです。

　同じ教室で過ごしていても個々の子どもの実態はそれぞれで，エピソードは個々にあるはずです。文章例はあくまで例です。それを活用もしますが，すべて同じはずがありません。
　子どもたち一人ひとりオリジナルの所見を作成し，プレゼントする気持ちで書きます。

　また，学校の通知表が電子化されていたら，プラス１メッセージとして付箋を成績表に貼っておくと，「気持ちが伝わらない」というそしりを受けることがなくなるかもしれません。
　撮影した写真を１枚，添えておくのでもよいでしょう。
　管理職の先生方の検閲が終わってから，通知表とは別の…あくまで，担任からのプレゼントとしてです。通知表の添付資料となると…管理職の先生からは反対される…かもしれませんね（笑）。子どもたちや保護者には，100％喜ばれると思いますが。
　特に若い先生方は，授業力，学級経営力など細かな点で，先輩の先生方に及ばないことがあるのは当たり前です。
　それでも，保護者に「ハズレだった」と思われないために，それこそ保護者の心をつかんでおくためにも，熱意を示し，努力するしかないと思います。

「修了式・卒業式」成功のカギは教室に残す「思いやり」

　修了式・卒業式，最後の日は寂しさと同時に，ホッとすることも事実です。涙あり，笑いありでよい終わり方をしたいものです。
　最後の場面を演出するのも教師の仕事…いや，醍醐味です。
　次の日からは，子どもたちに会わない，指導ができないのです。1年間がんばったことを無駄にしないように，この成長がずっと続くように，お別れを演出しましょう。

「最後の授業」を演出する

　1年間過ごした子どもたちと「最後にする授業」を意識したことがありますか？　もちろん，どんな授業でも構いませんが，1年間担任が伝え続けたメッセージの総まとめを授業で行います。

　いじめが激しかった学年を担任したことがあります。
　担任する前からいじめが激しく，保護者会が開かれるほどでした。
　6年生で担任してすぐに，「いじめ」について考える授業をし，意外にも，子どもたちは本気で聞いてくれました。
　1年間，大なり小なりのトラブルは続きましたが，そのたびに，子どもたちと「いじめ」についてずっと考えていきました。
　ですから，最後の授業は，「いじめ」でした。こんな風に何より伝えてきたメッセージを最後の授業でもテーマにします。
　ちなみに…先日，そのとき担任した子どもから手紙をもらいました。

> 先生，僕たちは中学校でもいじめはしなかったし，止めることもしたよ。高校でも，それぞれの学校で，皆いじめをしなかったと聞いています…。

最後の「いじめ」授業が思い出されました。

最後の授業は，学級通信でも予告します。保護者の方にも参観に来ていただきました。保護者の方にも，最後の授業のメッセージが伝わったのではないかなと思っています。

教師から，子どもたちから…

修了式・卒業式の日の朝，子どもたちが登校する前に机の上に手紙を置いておきましょう。

私は，成績表や評価とか関係なく，人間として，人としての率直な担任としてのメッセージを書くようにしています。

何より，朝，登校してきて子どもたちがびっくりします。そして，嬉しそうに手紙を読んでくれます。

中には，保護者へのお礼のメッセージも書くとよいでしょう。よいことをたくさん書くのですが，最後にがんばればもっとよくなることも，簡単に添

えます。そうすることで，より深く読んでくれます。

　時間はないかもしれませんが，大きな画用紙に次にこの教室を使う子どもたちへ，子どもたちからメッセージを書くのもよいでしょう。黒板に書くと，次の担任の先生へ迷惑がかかってしまうので，画用紙です。画用紙に書いておけば，次の先生へ渡すことができます。

　子どもたちは，「4月からもがんばるぞ！」という気持ちと，次の子どもたちへのアドバイスを伝えることで，「思いやり」が広がります。
　そして，最後にプチ大掃除をします。短い時間でも「立つ鳥跡を濁さず」と，場を清めることを教えることで，子どもたちの次へのやる気につながります。

共感と安心感をはぐくむ「1学期」

　学級を3期に分けて教師が目指すところを考えてみたいと思います。教師が行うすべての取組の根底には，学期ごとにポイントがあります。それらを考えないで，ただ闇雲に学級経営をしているだけでは，成果は出ません。
　1学期は，共感と安心感を大切にしながら，学級経営をしていくことで，これからの成長への基礎を築いていきます。
　出会いのころは，教師も子どもたちもドキドキです。お互いに「どんな先生，友達なんだろう」と考えながら生活をしています。そんなとき，少しでも「自分と同じだ！」「この先生は（友達は）わかってくれた！」と思うような，「共感」をする出来事があれば，親密度は増していきます。

すべての子どもと「共感」する

　「共感」には2つのタイプがありますが，1つ目は「教師と子どもたちとの共感」です。
　とにかく子どもたちと話をして，「そうなんだ」「それは○○（嬉しかったなど）だったね」「わかるよ君の気持ち」と，子どもたちの気持ちを理解するようにしましょう。クラスが始まって間がないので，指導をしたいところもあるでしょう。しかし，大きなことでなければ，そこはグッとこらえるのです。とにかく子どもたちの話を「すべて受け入れる」つもりで聞くのです。そして，教師自身の言葉で，子どもたちの気持ちを表現するのです。
　すべての子どもたちに同じことはできない…と思われるかもしれません。高学年になると，休み時間に委員会の仕事などが入ってきます。そうすると，すべての子どもたちに…というのは難しいかもしれません。しかし，すべて

の子どもたちと毎日１回は話をするつもりで，行動をするのとしないのとでは大きな差が出てきます。私は，「１人ずつ，１日に３回は子どもたちの名前を呼ぶ」ことを初任者のころから心がけています。「光太郎くん，おはよう！」と名前を付けてあいさつをするだけでも，「共感」は増します。

　私は，下記のような「簡単日記」のやり取りを毎日，子どもたちとしています。

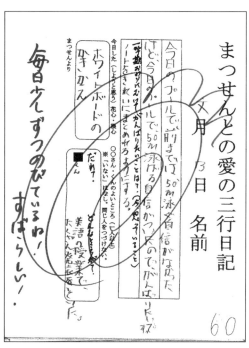

簡単日記のきまり

○１日の中で，いつ書いてもよいので，必ず書いて先生に出す。
○絵でもよいので必ず書く。
○友達には見せない。
○先生も，お家の人に内容は伝えない（先生と書いた本人との秘密）。

気を付けていても，1日の中で個人的に話ができない子どもはやはり，必ずいます。しかし，毎日「簡単日記」を交換することで，紙上ながら，子どもたちと対話をし，「共感」できます。

子どもたち同士の「共感」を仕組む

　2つ目は子どもたち同士の「共感」です。「〇〇くんも，同じように思っているんだな」と子どもたち同士が「共感」できる場を多く設定します。休み時間ではなく，授業中に設定することで，全員，無理なく「共感」できるようにします。

　詳しくは，第2章で述べていますが，ペアトークや班学習をタイミングよく授業に取り入れて，子どもたち同士の関係を密にしていきます。

　恥ずかしがり屋な子どもや話すことを苦手としている子どもも，授業中なので無理なく関係を築いていくことができます。また，グループで行える簡単なゲームを授業時間の隙間を使って行うとよいでしょう。ただし，クラス全体で遊びを決めて時間を取って遊ぶというのは，実は，一見よさそうに思えますが，苦痛を感じる子どももいます。1学期，私はクラスの全体遊びはあまりしません。そのような子どもがいるからです。しかし，授業時間の隙間に5分ほどする遊びなら，子どもたちもお得感があるし，強制的な感じがしません。また，最後に数人に感想を聞く「振り返り」をすることで，気持ちを共有し，「共感」できます。

「自分は受け入れられている」という安心感を

　「共感」の先にあるのが，「安心感」です。
　絶対的な安心感のあるクラスなら，子どもたちものびのびと成長することができます。すぐには「安心感」はできるものではありません。何日もかけて「共感」を繰り返すことで，クラスの風土として根付くのです。

「どんなことがあってもあなたを，クラスの皆を受け入れる」という気持ち，いや「覚悟」が教師には必要です。上辺ではなく，子どもたちに心から「共感」をしましょう。「何でそんなことを思うのだろう？」「何でそんなことをするのだろう？」と思うこともたくさんあります。私も同じです。そんなときは，「子どもだからね。仕方がないよね」「これから伸びていくよ」と思うようにしていました。そうすると，子どもたちの気持ちをしっかりと受け止め，ともに感じて成長していこうという気持ちになります。

　以前，保護者に「松森先生はどんな話でも受け入れてくれると娘が言っていました。参観日での授業の様子で，なるほどと思いました」とお話をしていただいたことがあります。

　参観授業で，ある子が私に授業に関係のない話をしてきました。そこで，私は「今はその話は関係ありません」と注意をしたのではなく，「そうなんだ。すごいな。休み時間にまた教えてくれるかな？」と切り返したのです。その子は，「約束だよ」と言って授業に集中し始めました。そのような授業中の小さなやり取りで，ともに感じることを増やしていき，絶対的な「安心感」を夏休み前までに築いていきます。

関心をもち，理解し合える関係をつくる「2学期」

　夏休みをはさんで，2学期になります。休みが明けてみると，1学期とは違った様子が子どもたちに見られるはずです。夏休みにどんなことがあったのか，様々な視点から見ていきます。心配な点も出てくるでしょうが，出てくることが当たり前なのです。むしろ，子どもたちの「やる気」を大切にしていきましょう。

　1学期に，絶対的な「安心感」を手に入れている子どもたち。それを生かして，お互いに「関心」をもって，「理解し合える」クラスに成長させることをねらいたいです。

「安心感」からリスタート

　夏休み明けのしばらくは，1学期にした取組を再び行います。じっくり子どもたちの話に耳を傾け，共感する，友達同士が「共感」できる取組です。
　休み明けのゲームとして，おススメなものを2つ紹介します。

夏休みクイズ大会!!

　1人1問，夏休みに体験したことをクイズにして，出題します。夏休みの宿題，2学期当日の宿題として考えて来させてもよいですが，必ず教師から手本を示しておきます。

教師　　　　「まつせん（自分の名前が入る）夏休みクイズ!!」
子どもたち「ジャジャン!!」
教師　　　　「先生は夏休み中，ビアガーデンに何回行ったでしょう!!　次の4つからお選びください。①1回　②3回　③0回　④40回」

子どもたち「40回ってほぼ毎日やん…」（様々な突っ込みが起こる）
教師　　　「答えを指で表してね！」
子どもたち（それぞれ指で，①②③④をつくる）
教師　　　「正解は…………③の0回でした!!」
子どもたち「えっっっっっ!!　ビール大好きの先生がああっっ!?」
　教師が手本を見せた後，次のことを押さえます。

①問題は，日常生活の内容で十分。もちろん，旅行をしたことでもよい（家の都合で旅行に行っていない子もいます。夏休みも日常生活をしっかりと過ごしたことをしっかり評価します）。
②選択肢を4つ用意する。高学年で行う場合や，慣れてきたら，「オチ」を入れるとよい。「オチ」とは，意外な答えのこと。

　1人ずつクイズを出題した後，必ず教師からコメントを入れるようにします。そうすると，「安心感」はアップしますし，お互いに関心をもって，それぞれを理解しようとします。

夏休みスゴロク!!

　班で活動します。次ページのようなスゴロクとサイコロを班の数だけ用意しておきます。自分のコマが止まったところの質問に答えます。難しい場合は，パスもありです。パスし続ける子どもが出る場合は，ボケてもよいことにします。また，違うマスの質問でもよいことにします。

　1学期に得た「安心感」を再び取り戻したり，気になる子がより「安心感」を得たりすることができるようなゲームですが，必ず最後に全体や班で「振り返り」をします。
　「感想」や「もっと聞きたいこと」を意図的に入れることで，お互いに「関心」をもち，「理解」が深まるのです。

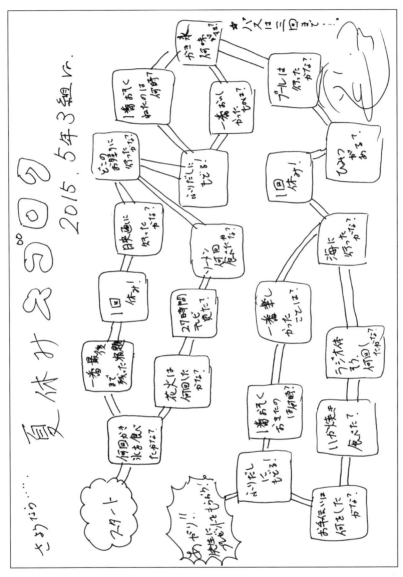

夏休みスゴロクの例

「気持ち」に気が付く時間を！

　これだけしているのだから，仲よくなっただろう…いじめなんか起こらないだろう…という考えをもっていては，子どもたちは成長しません。
　「安心感」を土台にして，子どもたちは，お互いの気持ちをきちんと言い，聞き合える，そして改善に向かうクラスにしなくてはいけません。「皆仲がよいから，子どもたちならしてくれるだろう」と思うのは甘いです。
　こちらが意図的にそのような時間を用意することで，次第に関係を築いていきます。
　友達がお互いのよさを伝え合う活動は，今どのようなクラスでも行われていると思います。それも私のクラスでは行っています。そして，それに加えて「悪口タイム」も行っています。クラスが安定してきた2学期に行うようにしています。
　「悪口タイム」というネーミングを聞いて，ドキッとされた先生もいらっしゃるかと思います。しかし，嫌だったこともきちんと言え，聞き合える間柄こそ，本物の関係だと思います。

悪口タイムのルール
①嫌だったこと，やめてほしいことを名前を出さずに伝える。
②全員が，自分のことかも，自分だったらという意識で聞くこと。
③この時間で出た話は，他へ漏らさない。この時間以外話をしない。

　悪口タイムの最中に，「ごめんな」と皆の前で謝る子も出てきました。休み時間にこっそり謝る子もいます。この活動の繰り返しが，安心感と関心，理解を深めるのです。

「自己教育力」を育てたい「3学期」

　教育の最大の目標は「自己教育力」の育成です。教育基本法に「人格の完成」と書かれているところです。

> 　第1条（教育の目的）教育は，人格の完成をめざし，平和的な国家及び社会の形成者として，真理と正義を愛し，個人の価値をたつとび，勤労と責任を重んじ，自主的精神に充ちた心身ともに健康な国民の育成を期して行われなければならない。

　3学期は短いですが，次の学年へつなぐ準備もしながら，それらを達成していきたいものです。

「集団教育力」を生かして「自己教育力」を

　3学期に入ったら，教師は何から何まで指示を出したりはしません。1年の最後には，子どもたちが自ら考え，行動できるクラスを目指します。
　私は初任者のころ，「担任の先生が1週間いなくても機能するクラスをつくれ」と先輩から教えていただきました。先生がいないときに，することを黒板に書いておいて…ということではありません。何も指示がなくても，登校してから下校するまで，すべて子どもたちの手で行えるようにしておくということです。

　子どもたちの様子にもよりますが，私は次のような取組をして，子どもたちが自ら考え，行動できるようにしています。

> ①生活当番を決めない
>   配布物をする,黒板を消すといった当番を設けない。すべて,朝,登校をしたときから,一人ひとりが仕事を探し,実行する。
> ②給食当番を決めない
>   給食当番も,週交代ではなく,毎日立候補制で決める。同じ子どもがずっとしていたり,していない子どもがいたりしないようにチェックはするが,毎日立候補をして給食当番を決定する。台拭きをする子も決める。
> ③朝の会のときに,自分から考える活動がある
>   「周りを見てしなければいけないことをしましょう」を行う。5分間,周囲を見てしなければいけないことを一人ひとりが行う。本棚の整理,掃除などを自分で仕事を見つけて行う。

　子どもたちの育ちを見て,これらの活動を行います。この本を執筆している現在,5年を担任していますが,4月の始業式の段階からこのような活動を取り入れています。低学年ならば,教師が一緒に考えながら行ったり,中学年ならば,3学期から本格的に導入したりしてもよいでしょう。

　少なくとも,すぐには成果が出ないと思うことです。「自己教育力」を育成して,少しでも自分から行動できる子どもを増やしたいです。そのためには,教師の力だけでは不可能なのです。クラスの力,友達の力…「集団教育力」が必要不可欠です。よく「先生の言うことより友達の言うことをよく聞く」と言われますが,それです。友達の行動を見て,自分も真似しよう,がんばろうと思うことが大切なのです。

　「自己教育力」が育っている子どもは,自尊心も高いのです。つまり,自分を「応援」することができます。成熟したクラスでは,友達同士「応援」ができるのです。つまり,クラスの子どもたち一人ひとりが,「自分」や「友達」の応援団になることが大切なのです。

急に,コムズカシイことを記してしまったかもしれません。こんなやり方ありなの?と思われた先生もいらっしゃるかもしれません。このようなレベルも目指せるのか,とまず知っていただけたら…と思います。

「さようなら」の準備を…

1年間,手塩にかけて育ててきた子どもたち,クラスです。お別れは辛いと思います。そして,次の学年の先生に迷惑をかけまいとして,どんどん手をかけ品をかけ…の状態に。もちろん,子どもたちは嬉しいでしょう。「来年も先生がいい!!」と言われたら,確かに嬉しいですよね。

でも,この状況は子どもたちを不幸にするだけです。厳しい言い方をすると,教師のエゴです。俵原正仁先生は「リバウンドを起こさない指導法」について言及されています。新しい学年で,担任の先生の言うことを聞かない,クラスが荒れ始める…これは,前担任にも責任があるのです。「次の担任の先生はちゃんとしているのかな?」と怒っている先生を何人も見ました。そして,担任した子どもたちに,「今の担任の先生はきちんとしてくれているの? 先生(自分)がよかったでしょう!」と話をされている姿を見て,悲しくなったことを思い出します。

教師は,自分の思い通りに動く子どもたちを育てているのではありません。人気教師になることは,効果的な教育を行ううえでは必要なことだし,私もそうありたくて修行をしています。しかし,人気教師になることは1つの手段なのです。嫌われることはいけませんが,教師自身の自己満足に陥ってはいけないのです。

「どのようなときでも,自分の最善を尽くせるように考える」つまり,これこそ「自己教育力」の育成なのです。大人になったら,上司(担任)は選ぶことができませんよね。上司によって仕事を選んだり,力の入れ方を変えたりしていたら,社会人として認められません。

そのために,3学期は,「自己教育力」の育成を,今までよりも,全力で

行っていくのです。今までの,「共感」や「安心感」をはぐくむスタンスを変えることではありません。むしろ, 1学期, 2学期の取組があるから,「自己教育力」の育成が可能になるのです。
　子どもたちを少し離れたところから見つめながら, 足りないところや, よくできているところを探し, 励ましたり, 指導したりして,「先生じゃなくても, がんばることができる」子どもたちに育てていきたいですね。

Column

まずはココから → **生活当番の指導**

　先ほど，目指すところとして「生活当番を決めない」という提案をしました。でも，いきなりそんなことは難しいです。

　まずは，「一人一役」から始めてみてはいかがでしょうか？

　「一人一役」とは，1人ずつに1つの仕事を割り当てます。電気をつける仕事，プリントを配る仕事，提出物を集める仕事…，と細かく決め，必ず1人に1つの仕事を割り当てます。

　そして，自分の仕事をしたら，ネームカードを裏返す，というように成果を「見える化」するとよいでしょう。

　1学期は，自分の仕事を確実にこなすことを大切にします。

　2学期は，「一人一役」にプラス1，「皆が喜ぶこと」をさせてみます。ロッカーの整理でも，落ちているごみ拾いでも，何でもです。プラス1，したことを帰りの会などで発表し合うのもよいでしょう。

　そして3学期。プラス2以上にしてもよいですし，高学年なら，先に述べたように「生活当番をなくす」…また，難しければ，学級会で学校全体のためにできることを話し合わせて実行させてみてもよいでしょう。

Column

まずはココから

給食当番の指導

　給食当番にも，子どもたちが自分たちで考え，工夫して活動できる場面がたくさんあります。

　生活当番と同様に，まず1学期は，自分の仕事を確実にこなすことを大切にします。給食当番の仕事にはどんなことがあるのか，それぞれどんな役割をするのかを確認します。そして，ただ給食をよそって配ればよい…とするのではなく，お盆の置き方，箸や食器を置く位置など，細かく指導します。「楽しく，衛生的に会食ができるか」がポイントです。2学期には，より早く，きれいに配膳するためにはどうするかを考えさせてみて，それを実行してみます。配膳タイムを測定してみると，効果がわかって意欲がわきます。ただ，あまりタイムにとらわれず，友達への「思いやり」をもってきれいに配膳できるようにしましょう。

　つくってくださった方への感謝の気持ちなどを込めて「残菜0」を目指しますが，こだわりすぎず「できるかぎり0」でよいのではないかと思います。少食の子どもがいたり，体調がすぐれない子どもがいたりします。子どもたちの中には自分の体調をおしてまで「残菜0」を達成しようとする子どもが出てしまいます。先生に「食べられません」と言えないのです。「残菜0」の大切さは指導しますが，多少の余裕も「思いやり」です。

第2章

子どもと保護者の心をわしづかむ！
デキる教師の「とっておき授業」アイデア

　私が考える「よい授業」とは、「子どもたちが成長を1ミリでも実感できる授業」です。「成長」とは、頭だけではなく、心も伴わなくてはなりません。また、「成長」は仲間とかかわることで成立します。私の考える「よい授業」のポイントは、以下の6つです。
①45分の授業の中に1つ以上「ゆさぶり」の発問がある。
②班活動やペア学習など、仲間と協力する活動がある。
③しっかりと声を出し、仲間と協力することが実感できる活動がある。
④自分だけで考える活動が確保されている。
⑤終わりに「締め」の発問や振り返りなどの活動がある（「まとめ」のことではありません）。
⑥学習内容をきちんと理解している。
　45分の授業を、仲間とかかわり合いながら、しっかりと思考を巡らせ、「予想」する力を育成するための授業レシピを本章で紹介します。

日々の「音読」「漢字」指導は工夫する

国語

　国語の授業は毎日あります。内容も盛りだくさんで,「すべての教科の基礎」と言われるほど重要です。一言で「国語科」と言っても,漢字を覚え,本文を読み,わかりやすく話し,要点をまとめながら聞き,簡潔に表現する…と求められる力は多岐にわたります。大人になっても必ず,いやさらに,必要とされる力なのは確かです。

　国語については,多くの先生方が専門的に研究されています。具体的な授業のつくり方や,流れなどに関する本もたくさんありますので,ここでは,毎日の授業の中で行えるちょっとした工夫をお伝えしたいと思います。

　明日からできる些細なことですが,子どもの心をわしづかみにする楽しい授業,安心して学力を付けることができる方法です。

音読指導は教師の工夫次第で成否が分かれる

　国語の授業で,毎時間必ず行われている活動が「音読」です。比較的手軽に行える学習活動ですが,ただ読ませるだけに終わっていないでしょうか?

音読は，教師がよく教材研究をしておかないと，いい加減な結果に終わる活動です。それは肝に銘じておきましょう。なぜなら，教師も「音読」（範読）がポイントになるからです。

音読は，教師の「範読」とセットで行う

特に最初に音読するときには，教師の範読の後に全員で読ませます。

教師　　　　「やさしさを　ハイッ！」
子ども・教師「やさしさを」
教師　　　　「わすれない　ハイッ！」
子ども・教師「わすれない」

教師　　　　「せかいじゅうのひとびとと」
　　　　　　（慣れてくると，ハイッ！は言わなくてもよくなる）
子ども　　　「せかいじゅうのひとびとと」
　　　　　　（次第に，子どもだけでも読めるようになる）

教師の範読の後に読むことで，読むことが苦手な子どもたちも安心して声を出すことができます。安心感を与えるために，教師が子どもと一緒に読むのもよいでしょう。

区切るところは，事前にしっかりと文章を読み込み，意味のあるところで切るようにします。詳しく読む活動で効果を発揮します。

音読のバージョンは，「速さ」「高低」「声色」の3要素で変化させる

俵原正仁先生（兵庫県の小学校の先生で，数々の著書もあるすばらしいご実践をされている先生です）の実践で，基本から楽しいアイデアまでいろいろと教えていただいたことがあります。

> ○コギャルのように読む「ギャル読み」
> ○怒って読む「怒る読み」
> ○悲しそうに読む「悲しみ読み」
> ○最後にシュワッッチやジュワなどを付け加える「ウルトラマン読み」
>   （ウルトラマン読みの中でも，エース読みやセブン読みなどに分かれる）
> ○「妖怪ウォッチ」のジバニャンのように読む「ジバニャン読み」

などのように，読みにバリエーションをつけるのです。
　最初はなかなか恥ずかしくて読めないかもしれませんが，子どもたちがノルと，とても楽しいです。

　教師が恥ずかしがると子どもたちもひいてしまうので，まずは無理をせずに，読む「速さ」を変えることから始めてみましょう。「速さ」を追求することは，脳の活性化にもつながります。そして，ちょっとした競争意識も生まれ，授業が活性化します。どのような文章でもできます。
　続いて，声の「高低」，1オクターブずつ上げたり，下げたりすることで，笑いが起きます。これは子どもたちの方が上手かもしれません。ものすごく低い声で読むと，「低すぎるやろ！」と子どもたちから突っ込みも入ります。
　最後が「声色」です。ギャルやウルトラマンを真似てとまではいかなくても，ちょっと怖そうに読むとか，ちょっと嬉しそうに読むことで，音読も活性化します。
　また，最初は教師が主体ですが，次第に子どもたちが中心になって進めることができるようになります。クラスで，「読み方大募集」をしてもよいでしょう。音読の宿題を出す際にも，いろいろなバージョンで読むように出してみます。

必ず努力が報われる漢字テストを行う

漢字テストはどのように実施していますか？
毎日，漢字テストを行っていますか？
問題数は，5問ですか？　それとも，10問ですか？
採点はいつしていますか？

細かいことですが，いずれも大切なことです。
　クラスになかなか100点が取れない子はいませんか？　単元別テストと違って，漢字のテスト，また，特に範囲がせまい小テストは，子どもにとって100点が取りやすく，「がんばったら100点が取れた！」という努力のよさを実感させることができます。また，繰り返し学習することで，子どもたちも自分に合った学習方法を会得しやすいのが漢字学習です。
　私の学級では，次ページのように漢字の学習を進めています。

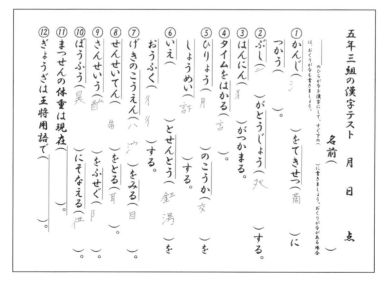

漢字の一部を書いた小テスト

①新出漢字はどんどん早めに
　教科書の進度にかかわらず，新出漢字の学習はどんどん進めていきます。早く進めておくことで，定着度も上がります。

②宿題練習は，１日ノート１ページ（または10行）
　本来なら，学校で漢字を定着させ，家では復習程度…というのがベストかもしれません。けれど，学校の授業時間に行う練習だけで，全員に定着させるのは難しいです。
　私の場合は，同じ宿題を月曜日から木曜日まで出します（金曜日は別メニュー）。「漢字ドリルの『７』①〜⑩を１行ずつ」という宿題を４日間繰り返すのです。これで大体の子どもは覚えてしまいます。
　それでも書くのに苦手さがあるなど支援の必要な子どもには，薄く漢字が書いてあるプリントを用意したり，教師が漢字ノートに赤であらかじめ漢字を書いたりしておくようにすると，スムーズに宿題ができます。

③毎週金曜日に小テスト
　毎週金曜日に宿題に出していた漢字の小テストをします。
　５，６年では，出題は10問，時間は10分です。早く終わればもう一度確認することを指導しています。それでも終われば裏にテストに出た漢字を使った文章をつくる学習をさせています。
　そして，その日のうちに，採点・記録して返却します。子どもたちは返されると，正解している漢字は１回，間違えている漢字は３回，裏に練習します。
　なかなか得点が上がらない子どもや，漢字を覚えにくい子どもには，漢字の一部や，ヒントが書いてあるプリントを渡します。全員に得点が上がる，100点を取ることを体験させます。

「小道具」と「朱筆づかい」で保護者の心をつかむ
書写

　書写指導，得意ですか？
　私は苦手でした。けれど，ここ数年，書写指導の楽しみを感じています。細かいところをちょっと工夫するだけで，大きな学びが得られます。

習字は小道具が命

　習字は授業で使う個人持ちの小道具が命です。特に学習の始めとなる3年では，学習するための準備や片付けまできっちり覚えてもらいます。
　小道具は，簡単に準備できるものです。しかし，保護者と協力して用意しなければならないものもあるので，習字の学習を始める数週間前から伝えておきます。習字の学習自体も，ゴールデンウィーク明けくらいから始めることで，余裕をもてると思います。

小道具① ペットボトル2つ

　500ミリリットルのペットボトルを2つ用意します。どちらもキャップは取っておきます。そして，1つはペットボトルを半分に切っておきます。

●そのままのペットボトル
　片付けのときに，水を半分ぐらいに入れて，筆を洗います。飛び散らなくてきれいに洗うことができます。

●半分に切ったペットボトル
　下半分を普段は使います。しかし，上半分は取っておきます。筆を置くときに，慣れていない場合，硯や硯セットの上に置くと，コロコロ転がって大惨事になります。半分に切ったペットボトルを横に寝かせて筆を置くように

すると，筆の重みでコロコロ転がりません（図1）。ペットボトルを縦にして筆を立たせると，筆の先がつぶれてしまいますので，横にするのがベターです。

　また，硯を忘れた場合は，ペットボトルの上半分を使って，図2のようにして使います。プリンカップなどは，そのままでは飛び散ったり，こぼれたりして周囲が汚れてしまいます。図2のようにすると，飛び散らないし，倒しても被害は最小限で済みます。おススメです。

図1　ペットボトルの筆置き

図2　ペットボトルの硯

小道具②　使い古しのTシャツ

　習字の学習では，多少の汚れを覚悟しないといけません。いかに汚さずに

習字の授業を進めることができるかどうかで教師の力量を測ることができる…などと言われたりもしますが，やはり，多少は汚れてしまうものです。

一番汚れるのが，子どもたちの服です。よく体操服を着させて「汚しても大丈夫だからね」と仰る先生がいらっしゃいますが，墨の汚れは落ちにくいです。泥汚れとはわけが違います。

「体操服を２着持っているの…」と仰る先生もいらっしゃいました。全家庭が２着持っているのでしょうか？　何とか１着で過ごしている家庭もないでしょうか？

ここでは，余談になってしまうかもしれませんが，保護者に物事を頼む場合，全部の家庭が同じ条件だと思ってはいけません。用意できない，用意が難しい場合もあり，その家庭を中心に考えた方がよい場合もあるのです。それが，「思いやり」です！

ですから，「汚れてもよい古いＴシャツを１枚お願いします」とお伝えしておきます。もちろん，新しいものは買わなくてよいと子どもたちにも伝えておきます。そして，古着屋で教師も何着か用意をしておきます。忘れた子ども，用意ができなかった子ども用です。

また，できれば古布，もしくは使い古したタオルを用意していただきましょう。こぼれた場合に拭くことができますし，座ってズボンの上に置いて練習をすると，ズボンが汚れにくくなります。

小道具③　洗濯ばさみと新聞紙

まず，新聞紙を１日分用意してもらいます。

最近は，新聞をとっていない家庭もあります。そういう場合は，数日前から学校で用意しておきます。新聞紙には，練習した半紙をはさみます。新聞紙を縦長に切って，ホッチキスで止める…という作業を家庭でお願いする場合もありましたが，それは，大不評でした。

このご時世，皆忙しいのです。「それくらい…」と思えるかもしれませんが，何事も学校中心で考えていては，協力も得られません。

普通に1日分用意して，普通に開いて，はさみ方を教えていけば十分です。洗濯ばさみは，バラバラ開いてしまわないようにするために使います（図3）。

図3　新聞紙で作品はさみ

小道具④　紙袋1つセット

先に述べたこれらの道具を紙袋にまとめて入れておき，場所を決めて保管します。

ペットボトルは水洗いすると，周囲が濡れてしまうこともあるので，スーパーの袋や小さなビニール袋に入れておくのもよいでしょう。

これにより，忘れ物も防ぐことができます（図4）。

図4　習字セット

before after 指導で成長をかみしめる

　習字の学習は，習っている（た）子どもとそうでない子どもの差がはっきりする分野です。ですから，指導がしにくいなあと思われるかもしれませんが，その差を埋めるのが「before after」です。

　このやり方をする場合は，少々時間がかかるので，1回につき，約2単位時間（45分×2）を必要とします。準備と片付けは教師がするくらいの気持ちがよいでしょう。

　習字はおよそ2回に分けて1つの文字を練習します。1回目が練習，2回目が清書です。主な流れとしては，

学習する文字の提示→その文字のポイントを把握→めあてを知る→ポイントを重点的に全体で練習（空書きや墨をつけずに練習など）→半紙を使って数枚練習（2回目は数枚清書）→教師が朱筆で添削→個人のまとめと全体のまとめ→片付け

となります。

　教師の朱筆は2枚入れましょう。

　1枚は掲示用，もう1枚は持って帰って保護者に見てもらう用です。そして，そのときに，鉛筆でよいので隅の方に自分の感想を書いておきます。

　習字はよく教室の後ろに貼られます。参観日のときにしか保護者は見ることができません。しかし，習字は子どもたちのがんばりが比較的伝わりやすい学習です。ぜひ，毎回の学習の成果を見ていただきましょう。

　習っている（た）子どもの場合は，朱筆のときにすばらしいところを○をすれば，より自信をもつことになります。得意なものは，よりほめて伸ばせ！です。

家族まとめて「常識」を崩そう　　社会

　社会科を教えるのは得意ですか？
　若手教師から，次のような相談を受けたことがあります。

「社会的事象が大人にとって当たり前すぎて，教え方がわからない。教えようにも，具体的な物が手に入りにくい。どんな力を付けてよいのかわからない」

　こんな悩みにお答えできたら！です。

「常識」は疑え！

「きれいな水はどこから来るの？」
　そう発問することで，子どもたちは「確かにどこから来るのだろう？」と考え，ハッとします。中には，水はお店で買うのだと言う子どももいるでしょう。
「お風呂に入るときの水はどこから来るの？」
「川から直接来るの？」
と，子どもたちが知っているよという「常識」を疑うような「ゆさぶり」をかけます。

　4年「きれいな水はどこから」の授業で，私は水道の蛇口をホームセンターで購入してきて子どもたちに提示しました。すると，大多数の子どもたちが，蛇口にきれいにする秘密があったのではないかと興味津々で蛇口を調べ

始めました。蛇口は少々高価でしたが（笑）…学習効果がありました。
　また，5年「食糧生産」では，お弁当を実際に買ってきて，観察をさせました。そして，お弁当に表示されている生産地を確認しながら，お弁当の材料を通じて，世界がつながっているという事実を確認しました。
　これらの事実は，大人にとっては「当たり前」です。ですから，当たり前すぎて教えにくい，教科書を読むだけのおもしろくない授業に終わってしまうのです。
　こんな当たり前のことを発問してよいのか？と思われるかもしれませんが，このくらいの発問がよいのです。その「常識」も深く深く探っていくと，大人も知らなかった事実が発見されるのです。
　1つの「常識」を家族で話し合わせるようにしてもおもしろいです。社会科を通して家族の会話が増えたと，保護者の方がよく話されていました。

見える・触れる！　ブツが社会科成功の秘訣

　社会科授業成功の命は「具体的な教材」です。
　実物の入手が困難でも，画像や映像だけでもOKです。インターネットで「〈ほしい素材名〉　画像」と検索すれば，すぐに手に入ります。できれば実物を手に入れたいですが…。
　そのために，最大の味方となるのが保護者です。
　消防署に勤められている保護者の方，スーパーに勤められている保護者の方がいらっしゃれば，お願いをして具体的な物をお借りできます。6年の歴史学習では，子どもたちのおじいちゃん，おばあちゃん方に教室へお越しいただき，体験談を聞かせてくださったり，質問を受けてくださったりもするでしょう。
　これは，普段から何らかの方法で保護者とつながっていなくてはできない方法です。普段，何もしないのに急に「お願いします」と言っても，なかなか動いていただくのは難しいものです。

この本で提唱している「思いやり」実践は，毎日の積み重ねです。いきなり始めてもすぐには効果が現れません。学校と保護者，地域の方々で協力して子どもたちを育てるということは，本来，「協力して学習活動を形成する」ということではないだろうかと思っています。
　もちろん，お祭りなどの地域の行事を学校の校庭で開催して，つながりを得るということも大切なことです。しかし，学校は本来，「文化の伝達」の場ではないかと私は思います。
　授業にも積極的にかかわっていただけるように（もちろん無理のない範囲で），教師，学校は，普段より「思いやり」的行動を積み重ねていくことが必要なのではないかと思います。

「1こ見て10」で社会科の基礎力を付ける

　社会科で付けたい力とは何でしょうか？
　気持ちの面からは，3年では「地域愛」，4年では「地域愛」が「都道府県へ」，5年では「国への愛」と「環境保護」，6年では「日本の歴史への誇り」と「国際理解」となります。
　では，技能的なものはどうでしょうか？
　これは，詳しくは学習指導要領を読めば一目瞭然なのですが，特に3年から育成したい技能は，「資料を読み取る能力」です。
　社会科で出てくる資料は3年では写真や絵が中心ですが，4年からグラフや表と複雑になり，5年では資料同士を関連付け，6年では自分の考えと関連付けたり，発信したりします。
　それらの基本を身に付けるには，「1こ見て10」がおススメです。
　3年の場合，まず，写真を見せます。そこからわかることを10個（以上）見つけ，ノートに書いていきます。そして，皆で話し合います。これを最初のうちは毎日したいのですが，時間がなければ，社会科の時間ごとに行うとよいです。

例えば，6年での「1こ見て10」です。
　奈良時代の学習の導入で，「奈良の大仏」の写真を見せます。
　子どもたちからは，「大きい」という意見が最初に出ました。このような当たり前の意見も大切に扱います。
「どうやってつくったのだろう？」
「昔の人たちはすごい」
「全部本物の金なのかな？」
「なぜつくったのだろう？」
「頭のぶつぶつは何？」
など，様々な意見が出てきます。
　「1こ見て10」で大切なのは，「どのような意見も受け入れる」ということです。写真に関係のない意見が出た場合はスルー（さりげなく無視）しますが，関係することならば，何でも子どもたちの小さな発見を受け入れ，そこから次の時間の課題をつくり上げることが大切です。

　私の学級の場合は，朝活動のときに「1こ見て10」を行っています。
　この「1こ見て10」は，6年になっても，行うと効果があります。社会科のすべての技能において，基礎となっているものです。毎日行うと，相当な力となります。自主勉強の課題としても出していますし，学級通信でも紹介するので，家庭でも協力してくれるようになります。

　ポイントとしては，3年であれ，6年であれ，見つけたものは簡単なものでも構わないということです。
「Tシャツがおもしろい人がいる」
「車がたくさんある」
でもよし！としたいです（笑）。この「1こ見て10」を単元の導入で取り入れた場合，課題発見につなげることもできます。

楽しみ・深める2つのアプローチ　　算数

　算数科は，子どもの好き嫌いがはっきりしている教科です。また，きちんと学力を付けるべき基礎教科でもあります。
　子どもには計算力や文章題など基礎・基本を身に付けさせつつ，授業では考えさせる授業を目指してみたいものです。

体だって動かしちゃう楽しい♪授業

　算数が苦手な子どもにとって，算数の時間の45分間は地獄です。
　その45分間を少しでも楽しく活動的にしたいものです。
　そこで，まず，「必ず声を出す」と言うことを大切にします。問題を声に出して読ませます。そのときに，必ず全員に声を出させます。
　問題を読む全員の口が動いているでしょうか？　何人かの子どもがサボってはいないでしょうか？　「しなさい」「しましょう」と授業中に言ったことは，必ずさせます。
　それが，確実に学力を付ける第一歩です。

文章問題や式や答えは教師の範読の後，必ず何回も復唱させます。

「立って片足ケンケンをしながら，２回読んだら座りなさい」
「立って屈伸をしながら，３回高速で読んだら座りなさい」

　どんな簡単なものでも，何回も復唱させることで確実に身に付きます。

思考が深まる課題討論の授業

　算数の授業では，問題解決学習をよく見ます。否定するつもりはありません。単元によっては必要となることもあります。
　しかし，確実に，全員に算数的な学力を保証しているでしょうか？
　「かけ算の筆算の仕方を考えよう」というめあてで，問題解決学習をしている授業を参観したことがあります。かけ算の筆算の仕方を皆で考えて，あたかも子どもたちの力で導き出したようにしている授業でしたが，はっきり言って，意味を感じませんでした。そんなものは教科書に載っています。予習をしている子は知っているし，子どもたちは「自分たちで導き出した」とは思っていません。
　「計算の仕方」などは，確実に教師から教えればよいと私は思います。そして，繰り返し練習あるのみです。
　ただ単に解かせるのではなく，声に出して，大事なところは，指さし確認で徹底的に繰り返します。計算ドリルの問題を何度も繰り返すのです。そうすることで，ミスも減り，確実に力を付けていきます。このような実践は，山口県の福山憲市先生の実践から学びました。明治図書からもたくさんの本を出されています。ご一読をおススメします。

ところで，私は各単元の最後に，「問題解決学習的討論」をしています。問題解決学習とは違います。

　1つ問題を出し，答えも板書します。答えは選択肢になっていて，1つが正解です。どうしてそれが正解なのか，どうして他の選択肢が不正解なのか，皆で話し合わせます。

　例えば，4年「面積」の授業では，単元の終わりに長方形と正方形が合体した複合図形の面積を求める問題があります。最初に，図形を提示します。そして，答えの選択肢を提示します。

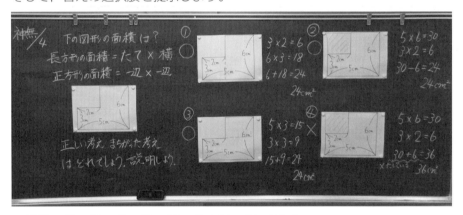

①3×2＝6　6×3＝18　6＋18＝24　24cm²
②5×6＝30　3×2＝6　30－6＝24　24cm²
③5×3＝15　3×3＝9　15＋9＝24　24cm²
④5×6＝30　3×2＝6　30＋6＝36　36cm²

　明らかに，④は違います。①〜③はすべて正解です。

　まず，なぜ④が違うのかを話し合わせます。この場合は，欠けている部分を足してしまっているために，不正解になっています。明らかに違うので，算数の苦手な子どもも説明しやすくなります。そして，④と反対の②の説明に移ります。「④と比べて」と助言をすると，考えやすくなります。「では，

全体から引くだけなの？」と聞くと，「分けて考えて足す方法もあるよ」と①と③の説明に移ることができます。

　各単元の終わりに行うので，子どもたちにはある程度，その単元についての学力が付いており，ほぼ全員が参加できます。ある程度の説明で，理解できる子どもが多いので，学習時間も短縮できます。
　また，答えがすでに提示されているので，「どうして正解なのか？」「どうして正解ではないのか？」に絞って話し合いを進めていくことができます。
　45分の授業のうち，半分が問題解決学習的討論，半分が計算練習といった授業構成も可能です。

「ゆさぶり」から学びを深める

理科

　理科には，

疑問→予想→実験方法を考える→実験結果の予想→安全面の確認→実験→結果→まとめと考察

という流れがあります。
　実験中心，観察中心ですが，しっかりと「予想」させることが大切です。しっかりと予想をさせ，ゆさぶり，話し合わせることで，授業もより活気付きます。

子どもをゆさぶり，興味を引く

　3年「かげのでき方と太陽の光」では，「太陽と影はお互いの反対側にできる」「太陽が移動すると影も移動する」ということを理解させます。
　観察の前に予想をさせますが，子どもたちは実生活を通して，何となく結果を知っています。

先生　「太陽が移動すると，影も移動するのでしょうか？」
子ども「移動するよ。見たことあるよ」
子ども「私も見たことある」

　おもしろみのない当たり前の答えしか出てきません。これは子どもたちが生活を営みながらよく観察をしている証拠で，悪いことではありません。

しかし，授業が盛り上がりません。そこで，一歩踏み込んで，次のように激しくゆさぶります。

先生　「太陽が移動すると，影も移動するのでしょうか？」
子ども「移動するよ。見たことあるよ」
子ども「私も見たことある」
先生　「ええっ!?　先生，そんなの見たことないよ，本当なの!?」
子ども「先生，見たことないの？　運動場に行けばわかるよ」
先生　「そもそも，太陽って動くの？」

　この単元では，太陽は動くものとして授業を進めていくことがほとんどです。しかし，それは教師の常識で，太陽は動かないと思っている子どもも中にはいます。

子ども「動くんじゃないかな…」
先生　「地球が動いているのではないの？」
子ども「う〜ん」

　3年の段階で，ここまで予想させる必要はない，学習内容から逸れているという意見もあるかと思いますが，ここでは，発問の答えを求めているのではなく，子どもたちの学習意欲を喚起し，いろいろなことを自分なりに予想することを目的としています。
　この後，子どもたちはペアで話し合い，グループでも話し合い，自分たちの予想をしっかりともつことができました。
　また，この単元では宇宙について扱ってはいないのですが，自主学習でしっかりと「太陽は動く」「地球は回っている」ということを調べてきた子どもが続出しました。

学びが深まるオリジナルノートづくり

　私はよく理科の授業で絵を描かせます。予想の段階で描かせます。
　例えば，5年「植物のつくり」で花の中を観察しますが，観察する前に，予想させ，「花の中がどうなっているのか，絵に描いてみよう。想像だけですよ。何も見てはいけませんよ」と指示を出します。
　もちろん予想ですから，間違っても構いません。自信をもって描いてよいのです。全員が描いたら，数人の子どもに発表させます。
　ここで，嫌がる子どもに無理に発表させてはいけません。絵を発表することは，意見発表と違ってかなりハードルが高いのです。
　希望者の発表でしたら，「ええっ！　こんなのあり得ない！」と思って笑いが起こっても，本人がおかしくて笑っているのですから，問題はありません（と言っても，子どもによって様子が違いますので，慎重に様子は見てください）。何やら本物に近いものであると，「おおっ!!」と不思議な歓声が起こるでしょう。
　絵に描いて予想させると，実際に観察したものと比べることができ，定着率が上がります。
　この「予想を絵にする」という活動は，理科に限らず，社会科や国語科にも応用することができます。

　また，単元が終わったら，学習したことをノートの見開き2ページにまとめましょう。自分なりの参考書をつくるのです。まとめるときのきまりは，次ページの通りです。
　急に上手になるわけはありませんので，お互いのノートを見せ合って教え合いをしてもよいでしょう。また，素敵なノートを掲示したり，学級通信で紹介したりしても，保護者に喜ばれます。

> **まとめるときのきまり**
> ①必ず見開き2ページにまとめる(書きすぎるものよくありません)。
> ②色をたくさん使う(色鉛筆を使って参考書のようにきれいにします)。
> ③図や絵を必ず入れる(文字ばかりになってしまうことを防止します)。
> ④必ずその単元の実験,観察を順番にすべてまとめる(一部だけまとめる子どももいます。簡潔にすべてまとめることが大切です)。

　ノートをまとめる力は,必ず必要な力です。そのために,理科はノートのまとめをしやすい教科の1つです。毎単元繰り返して,少しずつ力を付けていきましょう。

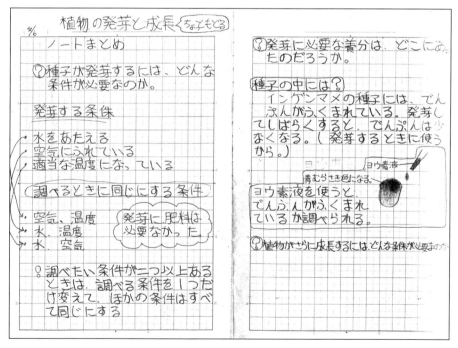

子どものノートの例

仲間とともに,「ガッチリ」体を動かす

体育

　体育は,人気授業の1つです。どんな内容でも,子どもたちが活発に動いているように「見えます」。
　しかし,この「見えます」が落とし穴です。大多数の子がダイナミックに動いて,喜んでいれば「よし」としてはいないでしょうか？
　喜んでいる子どもたちの後ろに,「つまらない」「体を動かすことが嫌だ」という子どもたちもいます。その子どもたちを本気にさせてこそ,体育の授業は成功です。
　私は,体を動かすことは好きだったのですが,いわゆる運動センスのない子どもでした。それでも,大人になっても苦手ながら体を動かすことが好きだったり,勤務している市の体育主任の研究副部長や部長,理事長をさせていただいたりしたのは,今まで受けた体育の授業での学びがあったからだと思います。

　体育科の授業のポイントは,次の2つです。
・仲間を意識した活動がある
・運動量がしっかりと確保されている

仲間を意識した活動づくり

　体育で仲間を意識と言うと,どのようなことが思い浮かぶでしょうか？
　単純に,チームを組んで作戦を立て,ボール運動を行ったり,友達を応援したりということではありません。
　体育の授業を参観したとき,「友達をしっかり応援する」ということのみ

を本時のめあてにされている先生がいらっしゃいましたが，体育の授業では，「体力や技能を少しでも付けること」が大切です。応援も大切ですが，それは「態度」の内容で，体育的な内容ではありません。

　仲間を意識しながら，体力や技能を伸ばすことが大切なのです。
　例えば，ボール運動では，「パス」が欠かせません。そのときに，「パスする相手の名前を呼んでパスしてみよう」と指示するだけで，仲間を意識した活動になります。よく「パスをするときに，相手が取りやすいように」という指導をしますが，どうしたら相手が取りやすいのかを考えなくてはならず，難しい指示です。
　私はよく２人組をつくり，「相手の名前とボールをキャッチしてほしい体の部分を言ってパスしよう」と指示を出します。例えば，サッカーでは，「ハヤタくん！　おしり！」と言ってパスを出します。そうすることで，友達のことを考えたパスが出せるようになります。

　ベースボール型ゲーム。本当に野球をしてしまっては，できない子どもが続出してしまいます。ボールゲームはそのままのルールではなく，ねらいを絞って簡略化することが必要です。
　例えば，ベースボール型ゲームで身に付けさせたい技能は，「アウトにならないボールの蹴り方（打ち方）を身に付ける」「打ったボールより速く進塁できるか」です。
　そのことを落とさず，仲間を意識した授業を進めていきます。
　例えば，次ページのようなルールはいかがでしょうか？

①まず，準備です。ホームベース1つと一塁ベースの代わりとして，大きなコーンを用意。最初はキックベースボールがよいでしょう。皆が気軽にできます。

②ピッチャーがボールをバッターに転がして，バッターはボールを蹴ります。

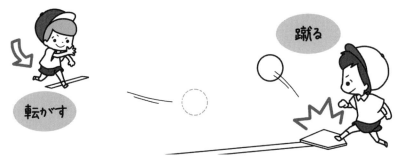

③バッターが一塁コーンにタッチする前に，守備はボールをキャッチした子どもに守備全員が集まって「アウト！」と大きな声で言えたら，1アウト。
※「アウト！」ではなく，チームの合言葉でもOK

運動量を確保する

　友達が試合をしているのを，ずっと応援しているだけの子どもがいては体育の授業とは言えません。45分のうち，試合を２つしたとしても，授業時間の半分は体を動かさず，応援している状態になってしまいます。
　全員に十分な運動量を保証する必要があります。
　運動量をしっかりと確保し，なおかつ仲間とも関係を深める…そのためには，「少人数でゲームをする」ことがポイントです。

　ゴール型のサッカーであれば，３人組で行います。
①３人組を組んで座る（友達関係をしっかりと見るチャンス！）。

②大コーンを好きな場所に置き，じゃんけんで最初にボールを蹴る人を決める。

③じゃんけんに勝った人が,コーンから大股10歩のところにボールを置き,そこからキックオフをする。

④3人が全員敵。大コーンにボールを当てたら1点。サイドラインなどはなく,フリーコート。

⑤「パスをしたい」という声が出てきたら,集めて新しいルールを提案します。

「今まで通り,全員が敵ですが,パスをしたい場合は,パスをしたい相手の名前を呼んでパスをしましょう。ただし,その相手が裏切って自分のボールにするか,またボールをパスしてくれるかは,あなた次第!!」

そして,次のようにも付け加えます。
「裏切られたからと言って,友達を責めてはいけません。だって,もともと敵なんだもの,パスをした自分が悪いんだよ(笑)」

そうすることで，余計なケンカも避けることができます。授業を中断する恐れがあるものは，こちらから予防をかけること。それも，教師からの「思いやり」でもあるし，よい授業をする鉄則です。

　ルールを加えることで，子どもたち全員が熱心に取り組んでいました。
　少人数なので，苦手な子どももしっかりと運動ができます。
　冬に実践したので，ほとんどの子どもが長袖を着ていましたが，「先生，暑いので，脱いでいいですか？」と長袖を脱ぎました。
　少人数なので，仲間ともしっかりかかわり，また，運動量が確保できる授業では，技能も伸びました！

毎日楽しむ・親しむ笑顔で「まままま…♪」

音楽

　音楽の授業も私はします。何を隠そう，エレクトーンを13年習っていたのです！　しかし，教えるとなると…決して専門ではありません。ただ，「鍵盤ハーモニカ」「ソプラノリコーダー」「鉄琴」「木琴」「カスタネット」「階名唱ができること」など子どもに身に付けさせたい学力はたくさんあります。
　音楽の時間だけでなく，朝の時間や帰りの会，隙間の時間に少しずつ楽しんでいます。

仲間とともに　毎日少しずつ

　朝の会や帰りの会で，歌を歌ったり，リコーダー演奏したりしていますか？　同じように，木琴や鉄琴だって取り組めます。
　学芸会や音楽発表会で，音楽が得意な子どもが木琴や鉄琴を演奏している姿を目にすることがあります。上手で見栄えがしますが，得意な子どもだけが演奏をして，他の子どもはその技能を身に付けられないのは，考え物です。
　そこで，全員に力を付けられるように，私は朝の活動に，次のような音楽活動を入れています。

①リコーダー演奏…短い曲またはフレーズを1つ
②木琴や鉄琴を紙に印刷し，バチは割り箸でエアー木琴＆鉄琴
③階名唱で歌う…楽譜を後ろに掲示しておき，階名で歌うことで，ドレミ…をマスター

　帰りの会でもよいですが，時間がない場合はおススメしません。

　短時間でよいのです。隣同士やグループで行うと，お互い教え合うことができます。また，１小節ずつ演奏したり，輪唱をしたりすると，仲間との学習を楽しめるようになります。
　毎日少しずつ進めるのです。

めめめ…もももで歌おう

　クラスで合唱をしたとき，合唱団並のきれいな声で，全員が大きな口を開けて歌う姿に憧れませんか？
　私もです。でも，難しいのです。
　知り合いの音楽家の方から，「音楽は楽しくなくっちゃ」という言葉をよく聞きます。「どういうこと？」と聞くと，「リズムや音程に正確に歌うことは確かに大切だけど，練習の段階なら，皆笑顔で歌えたら，歌詞に束縛されなくてもよいのでは？」とのことでした。
　そこで，練習の段階では，歌詞のまま歌うのではなくて，「全部，『め』で歌おう」とか，「全部『も』で歌おう」という指示を出してみました。
　音楽に合わせて，全員が「め」とか「も」とかで歌うのです。
　そのときに，がならずに，頭発的発声（自然に無理のない声）で歌うことをきちんと意識させます。あくまで，表情よくきれいな声を出す練習です。
　教師が「次は，『む』で」と，途中で歌う言葉を変えてもよいでしょう。

　子どもたちは自然と笑顔になります。ペアでもよいですし，グループで行ってもよいでしょう。笑ったら負け！にしても盛り上がります。先生役を子どもたちにさせても楽しいです。

　私のクラスでは，この方法で自然と笑顔で歌えるようになり，また，きれいな声を意識できるようになりました。

絵画指導は「思いやり」の指導　図工

　図画工作科は「思いやり」を育てるのにバッチリな教科です。しかも，「自分への思いやり」と「他者への思いやり」をバランスよく育てることができます。

自画像を描き，自分を思いやる

　自画像を描く授業をしたことがありますか？
　鏡を持ってきて，自分の顔を見ながら描かせます。
　そのときに，「よく見て描こう」とか「肌の色はたくさんの色が入っているから，いろいろな色を使おうね」といった指導をしていませんか？　子どもたちの頭に「？」がささっていないでしょうか。

- 眉毛の1本1本を丁寧に描く
- 目玉は黒だけではない，瞳孔もきちんと描こう

と，具体的に何を描くのか，顔のパーツ一つひとつを丁寧に，一斉に，指導しながら描いていくのです。
　そのときに，しっかりと自分の顔を鏡で確認させます。自分の体としっかり対話をさせるのです。
　自画像ではなくても同様です。描く技能をきちんと教えることで，やる気も出て，自分とより向き合えるようになります。
　芸術系教科って，そんなところが大切なのではないかと思います。そして，それが自分への「思いやり」につながるのです。

絵画鑑賞で友達を思いやる

　鑑賞の授業も大切にします。
　子どもたちの作品を鑑賞し合うのもよいですが，名画もしっかり教材として活用します。名画を見て思ったことを発表させるとすごく盛り上がります。
　以前，私はムンクの『叫び』の絵を子どもたちに見せ，感想を述べさせたところ，子どもたちから「作者は苦しんでいるのだろうか？」「どうしてこんな絵を描いたのだろう？」と作者の気持ちに対する意見や，「暗い絵だけれど，色の重ね方がきれい」というような技能的な意見も出てきて，とても盛り上がりました。
　学習指導要領では，各教科での言語活動を重要視しており，図画工作科も例外ではありません。名画を見て思うことはそれぞれ自由なので，気軽に自由に発言できますが，だらだらと話し合わせるのではなく，「話し方」「聞き方」もきちんと指導すると，他教科へ生きると同時に，友達への「思いやり」にも広がります。
　話すときは，絵を指しながら話したり，絵を持って皆が見えるように話したりすることも指導します。聞くときは，話している友達の話を遮らないこと，友達を見ることも大切だけど，説明している絵の部分もしっかりと見ながら聞くことも指導します。

テーマは「命」と「喜び」

家庭

　2014年3月，14年間勤めた岡山県の小学校教員を退職し，4月から大阪府の小学校教員となりました。大阪府での最初の担当は5，6年の家庭科専科でした。校長先生からそう伝えられたときは正直ドキドキしましたが，すぐに「やらせてください。全力を尽くします」と返事をしたことを覚えています。

　「これはチャンスだ」と思いました。おそらく，担任を外れ，家庭科を教えることは，これから先ないでしょう。男性教師だからできる家庭科の授業，私だからできる家庭科の授業を考えようと，自分自身を奮い立たせました。

　専科の役割は「その学級の子どもたちと担任，そして保護者を輝かせること」だと思っています。専科の先生独自の授業もよいかもしれませんが，それでは子どもたちが育ちません。子どもたちの実情と担任の方針を把握したうえで，家庭科の授業全体のテーマを考え出しました。

　それが，ここで述べている「命」と「喜び」でした。

「命」を考えさせる

　家庭科で言う「命」とは，調理実習などで，動物や植物の「命」をいただくことの他に，洗濯をすること，楽しい食卓を準備すること，掃除の仕方を学ぶことが，「生きること」につながります。家族が役割を分担し，「生きるため」に，つまり，「命」をつなげるために生活をしています。

　子どもたちが将来，子どもを設ける，家族をもつことは，この「命」をつなぐ作業なのです。

　けれども，実際に子どもたちはそんなことは意識して生活していません。

小学校家庭科の役割は，そのような「命のつながり」に気付かせる，理解させることにあると思います。

　5年でも，6年でも，まずは最初の授業で「家庭科の中で自分だけの力でできること」を話し合いました。お手伝いをしている子もたくさんいましたが，実際に1人では生活していける力はありません。
　今，自分は家庭の中でどのような役割を果たしているのか，また，今後，家庭をもつというのはどういうことなのか，子どもをもち，いつかは孫ができる…という「命をつなぐこと」に結び付くような手立てを考えました。

　また，調理実習の授業ならば，食材となった動物や植物たちへの感謝だけではなく，家庭で調理をしてくれる人（自分も含む）がどのような苦労や工夫をして食事を提供してくれているのか，つまり，どうやって「命をつないでいるか」も学ばせます。「苦労」や「工夫」を知ったうえで，教科書を使って「技能」を学ばせ，調理に移るのです。
　そうすることで，より子どもたちの心に訴える授業になります。

「喜び」を大切にする

　「なぜ料理をつくるのか？」「なぜ洗濯をするのか？」「なぜ会食をするのか？」…「人を喜ばせる」ためでもあります。
　料理をつくったら喜んで食べてくれた，洗濯をしたら「助かったわ」とお母さんが喜んでくれた。会食の工夫をしたらお客さんが喜んでくれた…家庭科の学習を通じて，これらの経験をさせることが大切です。

　5年に「お茶をおいしく入れる」ことを学ぶ単元があります。この単元では，同時におもてなしの仕方も学びます。
　そこで，まず，お家でのだんらんを思い出させます（子どもたちの家庭状

況が様々であることに注意し,親戚が集う場合など,時と場の範囲を広げておきます)。

　そこで,どのようにしたらおいしいお茶が入れられるか,想像できる「おもてなし」はどんなことが考えられるのか,経験を基に,話し合わせます。そして,担任の先生を招待する企画を考えます。

　普段のお礼の気持ちを書いた手紙を用意してもよいでしょう。相手が「喜ぶ」とはどういうことかをしっかりと考え,練習し,改善し,実践することが大切です。担任が家庭科を担当している場合は,他の専科の先生や校長先生を招待するのもよいでしょう。

　あくまで一例でしたが,基本的にはこのような考えで授業を進めていきます。

生活を経験から振り返り→話し合い→技能を習得する必要感をもち→技能を習得,練習し→学校の先生で試してみる→そして,家庭や地域で生かす

というサイクルを構築できたらと思っています。

「リアル」を追求する

特別の教科 **道徳**

　道徳の授業を大切にしていますか？
　「特別の教科　道徳」ともなる道徳の時間はとても大切です。
　けれど，なかなか子どもたちの本音を引き出すことができない，と悩む先生も多いのではないでしょうか？　子どもたちの心をわしづかむ道徳授業には，コツがあります。

葛藤型討論の道徳授業で本音に迫る

　特別の教科となる道徳の授業づくりについては，関心も高まってきており，様々な授業づくりの手法やアイデアが提案されているようですので，学びを深めたら様々な手法が見つかるかと思います。
　そんな中，私は数年前から葛藤型討論のスタイルで道徳の授業を進めてきました。一見すると，まとめまでいかないオープンエンド的な授業になるのですが，子どもたちの話し合いの質が向上しました。
　葛藤型討論とは，私流に説明しますと，副読本の道徳資料を子どもたちと読み進めながら，要所で主人公はどうしたらよいのか，どうするべきなのかを考えさせて，話し合わせる…というものです。
　印象に残った場面や，お話自体の振り返りは一切しません。

今日読む話を確認する

　導入として，今日読む話に関連付くような，興味付けの話は一切しません。そのようなことをしなくても，「道徳だ」「話し合おう」という気持ち，態度を育てます。